Marxismo e crítica literária

FUNDAÇÃO EDITORA DA UNESP

Presidente do Conselho Curador
Herman Jacobus Cornelis Voorwald

Diretor-Presidente
José Castilho Marques Neto

Editor-Executivo
Jézio Hernani Bomfim Gutierre

Conselho Editorial Acadêmico
Alberto Tsuyoshi Ikeda
Célia Aparecida Ferreira Tolentino
Eda Maria Góes
Elisabeth Criscuolo Urbinati
Ildeberto Muniz de Almeida
Luiz Gonzaga Marchezan
Nilson Ghirardello
Paulo César Corrêa Borges
Sérgio Vicente Motta
Vicente Pleitez

Editores-Assistentes
Anderson Nobara
Henrique Zanardi
Jorge Pereira Filho

Terry Eagleton

Marxismo e crítica literária

Tradução
Matheus Corrêa

© 1976 Terry Eagleton
Tradução autorizada da edição em língua inglesa publicada
por Routledge, um membro do Grupo Taylor & Francis.

Título original: *Marxism and Literary Criticism*
© 2011 da tradução brasileira

Direitos de publicação reservados à:
Fundação Editora da Unesp (FEU)
Praça da Sé, 108
01001-900 – São Paulo – SP
Tel.: (0xx11) 3242-7171
Fax: (0xx11) 3242-7172
www.editoraunesp.com.br
www.livrariaunesp.com.br
feu@editora.unesp.br

CIP – Brasil. Catalogação na fonte
Sindicato Nacional dos Editores de Livros, RJ

E11m

Eagleton, Terry, 1943-
  Marxismo e crítica literária/ Terry Eagleton; tradução Matheus Corrêa. – São Paulo: Editora Unesp, 2011.
  160p.

  Tradução de: Marxism and literary criticism
  Inclui bibliografia e índice
  ISBN 978-85-393-0108-9

  1. Crítica marxista. 2. Política e literatura. 3. Comunismo e literatura. 4. Literatura – História e crítica. I. Título.

11-1728.
                                    CDD: 801.95
                                    CDU: 82.09

Editora afiliada:

Asociación de Editoriales Universitarias
de América Latina y el Caribe

Associação Brasileira de
Editoras Universitárias

Sumário

Apresentação à segunda edição inglesa   1

Apresentação   7

1   Literatura e História   11

    Marx, Engels e a crítica   11

    Base e superestrutura   16

    Literatura e superestrutura   24

    Literatura e ideologia   36

2   Forma e conteúdo   43

    História e forma   43

    Forma e ideologia   50

    Lukács e a forma literária   55

    Goldmann e o estruturalismo
      genético   63

Pierre Macherey e a forma "descentralizada"   67

3   O escritor e o engajamento   71

A arte e o proletariado   71

Lenin, Trotski e o engajamento   76

Marx, Engels e o engajamento   81

A teoria reflexionista   90

Engajamento literário e o marxismo inglês   99

4   O autor como produtor   107

Arte como produção   107

Walter Benjamin   109

Bertolt Brecht e o teatro "épico"   115

Forma e produção   120

Realismo ou modernismo?   126

Consciência e produção   130

Bibliografia selecionada   137

Referências bibliográficas   141

Índice remissivo   147

Apresentação à segunda edição inglesa

Este livro foi publicado em 1976, logo quando a maré da história ocidental estava prestes a virar. Embora eu não tenha tido condições de saber na época, uma era de radicalismo político estava pronta para se transformar em uma era de conservadorismo. *Marxismo e crítica literária* surgiu da efervescência de ideias revolucionárias que durou do fim da década de 1960 até meados dos anos 1970. Mas com a crise do petróleo do início da década de 1970, que talvez tenha sido o momento em que a entidade mitológica conhecida como os "anos 1960" finalmente parou, as economias ocidentais já estavam caindo em profunda recessão;

e essa crise econômica, que na Grã-Bretanha iria resultar na reestruturação radical do capitalismo ocidental conhecida como thatcherismo, trouxe em seu rastro um ataque virulento ao movimento trabalhista, à democracia, aos padrões de vida da classe trabalhadora e às ideias socialistas. Nos Estados Unidos, um estúpido ex-ator de terceira categoria com opiniões primitivas de direita mudou-se para a Casa Branca. A onda de movimentos de libertação colonial, que havia varrido territórios desde a Ásia até a América Latina no período pós-guerra, finalmente perdeu a força. O mundo definhava nas garras da Guerra Fria.

Assim, poucos anos após a publicação, alterou-se decisivamente todo o clima cultural do qual o livro extraía seu ímpeto original. Nos estudos literários e culturais, a teoria continuou em ascensão ao longo da década de 1980, mas o marxismo foi progressivamente suplantado pelo feminismo, pelo pós-estruturalismo e, um pouco mais tarde, pelo pós-modernismo. Treze anos após a publicação, o bloco soviético entrou em colapso de forma ignominiosa, colocado de joelhos por seus problemas internos, pela corrida armamentista e pela supremacia econômica ocidental. O marxismo, parecia a muitos, estava finalmente morto – derrubado pela demanda popular no Oriente e expulso por políticas de direita e transformações sociais do Ocidente.

Seria este estudo, então, de interesse puramente histórico? Naturalmente, eu gostaria de pensar que não, por uma variedade de motivos. Em primeiro lugar, aquilo que pereceu na União Soviética era marxista apenas no sentido análogo que a Inquisição era cristã. Em segundo lugar, as ideias marxistas sobreviveram teimosamente às práticas políticas marxistas. Seria estranho pensar que os *insights* de Brecht, Lukács, Adorno e Raymond Williams não fossem mais válidos porque a China está se tornando capitalista ou porque o Muro de Berlim ruiu. Ironicamente, isso refletiria justamente o tipo de visão mecanicista das relações entre cultura e política que o marxismo "vulgar" frequentemente adota. A tradição crítica marxista é insuperavelmente rica e fértil; e como qualquer outro método crítico, tem de ser avaliada de acordo com a maneira como ela elucida as obras de arte, não pela forma como suas aspirações políticas foram ou não concretizadas na prática. Não rejeitamos, por exemplo, a crítica feminista apenas porque o patriarcado ainda não foi derrubado. Pelo contrário, essa é uma razão a mais para que ela seja mantida.

Mas não é apenas como uma forma inestimável de análise cultural e literária que o marxismo sobrevive. Temos apenas que observar a maneira extraordinária como o *Manifesto Comunista* se revelou profético. Marx e Engels conceberam um mundo em que as forças do mercado global tinham o domínio supremo, indiferentes ao dano humano que infligiam, e no qual a disparidade entre ricos e pobres havia aumentado de forma intolerável. Em meio à instabilidade política generalizada, as massas destituídas enfrentariam uma pequena elite internacional de ricos e poderosos. Não é preciso frisar que isso não reflete apenas o mundo da Era Vitoriana: é também um retrato inquietante e preciso da nossa própria condição global.

As massas, Marx prognosticou, não aceitariam essa situação sem reagir. E, de fato, elas não aceitaram. Não é, temos de admitir, a classe trabalhadora que está liderando a resistência, como o marxismo tradicionalmente prevê. Pelo menos por ora, os condenados da Terra são fundamentalistas islâmicos em vez de proletários ocidentais, com todos os perigos que isso acarreta. Mas as linhas gerais da visão de Marx, um século e meio mais tarde, estão longe de estarem ultrapassadas; e se é fato que o fundamentalismo islâmico é mais um sintoma das mazelas do capitalismo global do que uma solução para elas, então a importância da alternativa clássica – o socialismo – continua sendo fundamental. Na verdade, o fundamentalismo ocupou o vácuo que a derrota da esquerda criou. Se a esquerda tivesse tido a chance de cumprir seu compromisso de lidar com as privações globais que fomentam tal intolerância, talvez as Torres Gêmeas ainda estivessem de pé.

O marxismo realmente sofreu, em nossa era, a maior derrota da sua turbulenta história. Mas por quê? Porque o sistema que ele opõe abrandou-se, tornou-se irreconhecível, fazendo assim que suas teorias se tornassem redundantes? Na verdade, o motivo foi exatamente o oposto. É porque o sistema está mais forte e difundido do que nunca – porque são os mesmos negócios de sempre, só que mais exacerbados – que a esquerda política mostrou-se incapaz de avançar. E alguns esquerdistas arrependidos podem então, de modo muito conveniente, racionalizar esse fracasso e decidir que as teorias estiveram sempre equivocadas.

Obviamente, a crítica marxista não irá, sozinha, fazer muito para reverter tal fracasso. Na verdade, faz parte do materialismo cultural a afirmação de que a cultura não é, no fim das contas, aquilo em que homens e mulheres baseiam suas vidas. Mas ela também não é insignificante; toda batalha política importante é, entre outras coisas, uma batalha de ideias. Foi como uma contribuição a essa luta, em uma das áreas centrais das Ciências Humanas, que escrevi este livro.

Terry Eagleton
Londres, 2002.

Apresentação

O marxismo é um tópico altamente complexo, e sua área conhecida como crítica literária marxista não é diferente. Seria, portanto, impossível fazer mais do que tocar em alguns pontos básicos e levantar algumas questões fundamentais neste breve estudo. (O livro é tão curto, diga-se de passagem, porque ele se destinava originalmente a uma série de breves estudos introdutórios.) O perigo dos livros deste tipo é que corremos o risco de entediar as pessoas que já têm familiaridade com o tema e de confundir aquelas para as quais ele é inteiramente novo. Tenho poucas pretensões de ser original ou exaustivo, mas tentei pelo menos não ser enfadonho ou obscuro. Meu objetivo foi o de apresentar o tema da maneira mais clara possível, apesar de isso não ser, dadas as dificuldades, uma tarefa simples. Espero, de qualquer forma, que quaisquer dificuldades encontradas aqui estejam relacionadas ao tópico e não à forma como ele é apresentado.

A crítica marxista analisa a literatura em termos das condições históricas que a produzem; e ela precisa, de maneira similar, estar ciente das suas próprias condições históricas. Discorrer sobre a obra de um crítico marxista como, por exemplo, Georg Lukács, sem examinar os fatores históricos que moldam a sua crítica, não é nada satisfatório. A maneira mais produtiva de discutir a crítica marxista seria assim uma análise histórica, partindo de Marx e Engels até chegar aos dias de hoje, traçando as maneiras como a crítica muda à medida que a história em que ela está enraizada também muda. Isso, porém, mostrou-se impossível por razões de espaço. Portanto, escolhi quatro tópicos centrais da crítica marxista e discuti diversos autores sob tais pontos de vista. E apesar de isso significar um número considerável de simplificações e omissões, também indica uma certa coerência e continuidade no tema.

Tenho falado do marxismo como um "tema", e há um perigo real de que livros como este possam contribuir a esse tipo de academicismo. Não há dúvida de que em breve veremos a crítica marxista confortavelmente alojada entre as abordagens freudiana e mitológica na literatura, como mais uma "abordagem" acadêmica estimulante, mais um campo de pesquisa bem arado para os estudantes pisarem. Antes que isso aconteça, vale lembrar um simples fato. O marxismo é uma teoria científica das sociedades humanas e da prática de transformá-las; e isso significa, de modo muito mais concreto, que a narrativa que o marxismo deve oferecer é a história da luta dos homens e mulheres para se libertarem de certas formas de exploração e opressão. Não há nada de acadêmico nessa luta, e o prejuízo é nosso quando nos esquecemos disso.

A relevância de uma leitura marxista de *Paraíso perdido* ou *Middlemarch*[1] para essa

---

[1] Referência a *Paraíso perdido*, escrito por John Milton em 1667, e *Middlemarch: A Study of Provincial Life*, redigido por George Eliot em 1871-2. (N. E.)

luta não fica evidente de modo imediato. Mas se realmente for um erro confinar a crítica marxista aos arquivos acadêmicos, o motivo disso seria que ela possui um papel significativo, senão central, a exercer na transformação das sociedades humanas. A crítica marxista faz parte de um conjunto mais amplo de análises teóricas que tem como objetivo entender *ideologias* – as ideias, os valores e os sentimentos por meio dos quais os homens vivem e concebem a sociedade em diversas épocas. E algumas dessas ideias, valores e sentimentos só se tornam disponíveis a nós na literatura. Entender ideologias significa entender tanto o passado quanto o presente de modo mais profundo; e tal entendimento contribui para a nossa libertação. É com essa crença que escrevi este livro, o qual dedico aos membros do meu curso de Crítica Marxista em Oxford, que discutiram essas questões comigo a ponto de torná-los praticamente coautores.

Capítulo um

Literatura e História

Marx, Engels e a crítica

Embora Karl Marx e Friedrich Engels sejam mais conhecidos pelas suas obras políticas e econômicas do que pelas literárias, isso não se deve de forma alguma ao fato de terem considerado a literatura insignificante. É verdade, como Leon Trotski observou em *Literatura e revolução* [1924], que "há muitas pessoas neste mundo que pensam como revolucionários e sentem como filisteus"; mas Marx e Engels não faziam parte desse grupo. As obras de Karl Marx – ele próprio um jovem autor de poemas líricos, de um fragmento de verso dramático e de um romance cômico inacabado com grande influência de Laurence Sterne – são carregadas de conceitos e alusões literárias; dele também há um manuscrito não publicado, de volume considerável, sobre arte e religião, além de ter planejado um periódico de crítica teatral, um estudo completo sobre Balzac e um tratado de estética. A arte e a literatura faziam parte do próprio ar que Marx respirava, como um intelectual alemão formidavelmente culto dentro da grande tradição clássica da sua sociedade. Sua familiaridade com a literatura, de Sófocles ao romance espanhol, de Lucrécio à ficção comercial inglesa, tinha um alcance impressionante: o círculo de trabalhadores alemães que ele fundou em Bruxelas dedicava uma noite por semana à discussão das artes, e o próprio Marx era um frequentador inveterado de teatro, declamador de poesia, devorador de todas as espécies de arte literária, desde a prosa augustana até as baladas industriais. Em uma carta a Engels, ele descreveu suas próprias obras como formadoras de um "todo artístico", além de ser escrupulosamente sensível a questões de estilo literário, especialmente o seu; seus primeiros artigos jornalísticos defendiam a liberdade de expressão artística. Além disso, a pressão de conceitos estéticos pode ser detectada por trás de algumas das mais cruciais categorias do pensamento econômico que ele emprega em sua obra madura.[2]

Ainda assim, Marx e Engels tinham em suas mãos tarefas um tanto mais importantes do que a formulação de uma teoria estética completa. Seus comentários sobre a arte e a literatura são dispersos e fragmentários, alusões oblíquas em vez de posições desenvolvidas.[3] Esse é um dos motivos pelos quais a crítica marxista envolve mais do que a mera reafirmação de argumentos expostos pelos fundadores do marxismo. Ela também envolve mais do que aquilo que, no Ocidente, tornou-se conhecido como "sociologia da literatura". A sociologia da literatura lida sobretudo com aquilo que pode ser chamado de meios de produção, distribuição e troca literária em uma sociedade específica – como os livros são publicados, a distribuição social

---

[2] Cf. Lifshitz, *The Philosophy of Art of Karl Marx*. Para ler uma exposição um tanto ingênua em seus preconceitos, porém razoavelmente informativa sobre os interesses literários de Marx e Engels, cf. Demetz, *Marx, Engels and the Poets*.

[3] Para ler uma compilação desses comentários, cf. Baxandall; Morawski, *Karl Marx, Frederick Engels on Literature and Art*.

dos seus autores e leitores, os níveis de alfabetização, os determinantes sociais do "gosto". Tal campo também examina textos literários em busca da sua relevância "sociológica", fazendo incursões em obras literárias para abstrair delas os temas de interesse do historiador social. Alguns excelentes trabalhos têm sido feitos nesse campo,[4] e este constitui um aspecto da crítica marxista como um todo; mas visto de forma independente, ele não é, particularmente, nem marxista e nem crítico. Na verdade é, na maior parte das vezes, uma versão convenientemente domesticada e desviscerada da crítica marxista, própria para o consumo ocidental.

A crítica marxista não é meramente uma "sociologia da literatura", dedicada à maneira como os romances são publicados e como eles mencionam (ou não) a classe trabalhadora. Seu objetivo é *explicar* a obra literária de forma mais plena; e isso significa uma atenção sensível às suas formas, estilos e

---

[4] Cf. particularmente Shücking, *The Sociology of Literary Taste*; Escarpit, *The Sociology of Literature*; Altick, *The English Common Reader*; e Williams, *The Long Revolution*. Obras representativas recentes incluem Laurenson; Swingewood, *The Sociology of Literature*; e Bradbury, *The Social Context of English Literature*. Para ler uma exposição da importante obra de Raymond Williams, consulte meu artigo na *New Left Review*, n.95, jan.-fev. 1976.

significados.[5] Mas isso também significa compreender essas formas, estilos e significados como produtos de uma História específica. O pintor Henri Matisse uma vez observou que toda arte carrega a marca do seu período histórico, mas que a grande arte é aquela em que essa marca se revela mais profunda. Geralmente se ensina o contrário aos estudantes de Literatura: a grande arte é aquela que transcende suas condições históricas de forma atemporal. A crítica marxista tem muito a dizer sobre essa questão, mas a análise "histórica" da literatura obviamente não começou com o marxismo. Muitos pensadores antes de Marx haviam tentado explicar as obras literárias em termos da História que as produziu;[6] e um desses

---

[5] Grande parte da crítica não marxista rejeitaria um termo como "explicação", julgando que ele viola o "mistério" da literatura. Uso-o aqui porque concordo com Pierre Macherey, em *Pour une théorie de la production littéraire*, quando diz que a tarefa do crítico não é "interpretar", e sim "explicar". Para Macherey, a "interpretação" de um texto significa revisá-lo ou corrigi-lo de acordo com uma norma ideal que dita como ele deveria ser; consiste, em outras palavras, na rejeição do texto *como ele é*. A crítica interpretativa simplesmente "redobra" o texto, modificando-o e elaborando-o para um consumo mais fácil. Ao dizer *mais* sobre a obra, ela acaba dizendo *menos*.

[6] Cf. principalmente *The New Science* [1725], de Vico; Madame de Staël, *Of Literature and Social Institutions* [1800]; H. Taine, *History of English Literature* [1863].

pensadores, o filósofo idealista alemão G. W. F. Hegel, teve uma profunda influência no pensamento estético de Marx. A originalidade da crítica marxista, por conseguinte, não está na sua abordagem histórica da literatura, mas em seu entendimento revolucionário da própria História.

Base e superestrutura

As sementes desse entendimento revolucionário são plantadas em uma famosa passagem de *A ideologia alemã*, de Marx e Engels [1845-1866]:

A produção de ideias, conceitos e consciência está, em primeiro lugar, diretamente ligada às relações materiais do homem, à linguagem da vida real. Conceber, pensar, as relações espirituais dos homens, aparecem aqui como a emanação direta do seu comportamento material [...] não partirmos do que os homens dizem, imaginam ou concebem, nem dos homens como são descritos, imaginados ou concebidos, para chegar ao homem corpóreo; em vez disso, partimos do homem realmente ativo [...] A consciência não determina a vida: a vida determina a consciência.

Uma exposição mais completa do que isso significa pode ser encontrada no Prefácio de *Contribuição à crítica da economia política* [1859]:

> Na produção social da sua vida, os homens entram em relações definidas que são indispensáveis e independentes da sua vontade, *relações de produção* que correspondem a um estágio de desenvolvimento definido das suas forças produtivas materiais. A soma total dessas relações de produção constitui a estrutura econômica da sociedade, a fundação real, sobre a qual se constrói a superestrutura jurídica e política e à qual correspondem formas definidas de consciência social. O modo de produção da vida material condiciona o processo da vida social, política e intelectual de maneira geral. Não é a consciência dos homens que determina o seu ser, mas ao contrário, seu ser social determina sua consciência.

As relações sociais entre os homens, em outras palavras, estão em relação estreita com a maneira como eles produzem sua vida material. Certas "forças produtivas" – por exemplo, a organização do trabalho na Idade Média – envolvem as relações sociais entre servo e senhor que conhecemos como feudalismo. Em um estágio mais avançado, o desenvolvimento de novos modos de organização produtiva é baseado em um conjunto alterado de relações sociais – desta vez entre a classe capitalista, que possui esses meios de produção, e o proletariado, cuja força de trabalho o capitalista compra para obter lucro. Em conjunto, essas "forças" e "relações" de produção formam o que Marx chama de "estrutura econômica da sociedade", ou o que é comumente conhecido no marxismo como a "base" econômica ou "infraestrutura". Dessa base econômica, em todas as épocas, surge uma "superestrutura" – certas formas jurídicas e políticas, um certo tipo de Estado, cuja função essencial é legitimar o poder da classe social que possui os meios de produção econômica. Mas a superestrutura contém mais do que isso: ela também consiste em certas "formas definidas de consciência social" (política, religiosa, ética, estética e assim por diante), que o marxismo designa como *ideologia*. A função da ideologia, além disso, é a de legitimar o poder da classe dominante na sociedade; em última análise, as ideias dominantes de uma sociedade são as ideias da sua classe dominante.[7]

---

[7] Essa explicação é, de modo inevitável, demasiadamente simplificada. Para ler uma análise completa, ver Poulantzas, *Political Power and Social Classes*.

A arte para o marxismo faz, assim, parte da "superestrutura" da sociedade. Ela faz parte (com ressalvas que faremos mais adiante) da ideologia de uma sociedade – um elemento nessa complexa estrutura de percepção social que garante que a situação em que uma classe social tem poder sobre as outras seja vista pela maioria dos membros da sociedade como "natural", ou que nem seja vista. Entender a literatura significa, então, entender todo o processo social do qual ela faz parte. Como observou o crítico marxista russo Georgi Plekhanov: "A mentalidade social de uma época é condicionada pelas relações sociais dessa época. Não há outro lugar em que isso fica mais evidente do que na História da Arte e da Literatura".[8] As obras literárias não são misteriosamente inspiradas, nem explicáveis simplesmente em termos da psicologia dos autores. Elas são formas de percepção, formas específicas de se ver o mundo; e como tais, elas devem ter uma relação com a maneira dominante de ver o mundo, a "mentalidade social" ou ideologia de uma época. Essa ideologia, por sua

---

[8] Plekhanov apud Arvon, Prefácio. In: *Marxist Aesthetics*.

vez, é produto das relações sociais concretas das quais os homens participam em um tempo e espaço específicos; é o modo como essas relações de classe são experienciadas, legitimadas e perpetuadas. Além disso, os homens não são livres para escolher suas relações sociais; eles são restringidos a elas pela necessidade material – pela natureza e pelo estágio de desenvolvimento do seu modo de produção econômico.

Portanto, compreender *O rei Lear, The Dunciad* ou *Ulisses* significa mais do que interpretar seu simbolismo, estudar sua História Literária e incluir anotações sobre fatos sociológicos relacionados. Significa, antes de tudo, compreender as relações complexas e indiretas entre essas obras e os mundos ideológicos que elas habitam – relações que surgem não apenas em "temas" e "questões", mas no estilo, ritmo, na imagem, qualidade e (como veremos mais adiante) *forma*. Mas também não entenderemos a ideologia a não ser que compreendamos o papel que ela desempenha na sociedade como um todo – como ela consiste em uma estrutura de percepção definida e historicamente relativa que sustenta o poder de uma classe social específica. Essa não é uma tarefa fácil, já que uma ideologia nunca é um simples reflexo das ideias da classe dominante; pelo contrário, ela é sempre um fenômeno complexo, que pode incorporar visões de mundo divergentes e até mesmo contraditórias. Para entender uma ideologia, devemos analisar as relações precisas entre as diferentes classes em uma sociedade; e fazer isso significa compreender a posição dessas classes em relação ao modo de produção.

Tudo isso pode parecer uma tarefa descabida ao estudante de Literatura que imaginava que sua obrigação fosse apenas discutir o enredo e a caracterização de uma obra. Pode parecer uma verdadeira mistura de crítica literária com disciplinas como política e economia, que deveriam ser mantidas separadas. Mas isso é, não obstante, essencial ao esclarecimento integral de qualquer obra literária. Veja, por exemplo, a grande cena do Golfo Plácido em *Nostromo,* de Conrad. O ato de avaliar o distinto ímpeto artístico desse episódio, no momento em que Decoud e Nostromo estão isolados na escuridão total da barcaça que lentamente se afunda, faz com que coloquemos a cena dentro da visão imaginativa do romance como um todo. O pessimismo radical dessa visão (e para compreendê-lo devemos, obviamente, relacionar *Nostromo* com as outras obras de ficção de Conrad) não pode ser explicado em termos dos fatores "psicológicos" de Conrad, já que a psicologia individual também é um produto *social*. O pessimismo da visão de mundo de Conrad é, em vez disso, uma singular transformação em arte de um pessimismo ideológico generalizado na época – uma noção de História como um processo cíclico e em vão, de indivíduos impenetráveis e solitários, de valores humanos relativistas e irracionais, marcando uma drástica crise na ideologia da burguesia ocidental à qual Conrad se aliava. Existiam bons motivos para essa crise ideológica na história do capitalismo imperialista desse período. Naturalmente, Conrad não criou, anonimamente, um mero reflexo dessa história em sua ficção; cada escritor tem uma posição individualizada na sociedade, reagindo a uma História geral a partir do seu próprio ponto de vista, decifrando-a em seus próprios termos concretos. Mas não é difícil ver que a crise da ideologia burguesa se intensificou para Conrad, por conta de sua posição pessoal – um polonês "aristocrático" exilado e profundamente compromissado com o conservadorismo inglês.[9]

Também é possível ver, nesses termos, a razão da excelência artística da cena no Golfo Plácido. Escrever bem é mais do que uma questão de "estilo"; significa também ter à disposição uma perspectiva ideológica que possa penetrar nas realidades da experiência dos homens em uma dada situação. Isso é certamente o que realiza a cena do Golfo Plácido; e ela pode fazê-lo não apenas porque o autor possui um excelente estilo de prosa, mas porque sua situação histórica permite que ele acesse tais *insights*. O fato de esses *insights* serem, em termos políticos, "progressistas" ou "reacionários" (os de Conrad são, sem dúvida, reacionários) é irrelevante – não mais relevante que o fato de que aqueles considerados os maiores escritores do século XX (Yeats, Eliot, Pound, Lawrence) terem sido conservadores políticos que se envolveram com o fascismo. A crítica marxista, em vez de pedir desculpas por isso, explica o fato. Enxerga que, na ausência da

---

[9] Sobre a questão de como a história pessoal do autor se entrelaça com a história da sua época, cf. Sartre, *The Search for a Method*.

arte genuinamente revolucionária, apenas um conservadorismo radical – tão hostil quanto o marxismo aos valores decadentes da sociedade liberal burguesa – poderia produzir a literatura mais significativa.

Literatura e superestrutura

Seria um erro insinuar que a crítica marxista se move mecanicamente do "texto" para a "ideologia", para as "relações sociais" e então para as "forças produtivas". Ela lida, em vez disso, com a *unidade* desses "níveis" da sociedade. É verdade que a literatura faz parte da superestrutura, mas ela não é apenas um reflexo passivo da base econômica. Engels esclareceu esse ponto em uma carta a Joseph Bloch em 1890:

De acordo com a concepção materialista da História, o elemento determinante desta é, *em última instância*, a produção e reprodução na vida real. Mais do que isso, nem Marx nem eu nunca afirmamos. Portanto, se alguém distorce essa afirmação para dizer que o elemento econômico é o *único* determinante, ela se torna uma frase sem sentido, abstrata e absurda. A situação econômica é a base, mas os vários elementos da superestrutura – as formas políticas da luta de classes e suas consequências, as constituições estabelecidas pela classe vitoriosa após uma batalha bem-sucedida etc.; as formas jurídicas; e até mesmo os reflexos de todas essas lutas reais no cérebro dos combatentes: as teorias políticas, jurídicas e filosóficas, as ideias religiosas e seu desenvolvimento posterior em sistemas dogmáticos – também exercem influência no andamento das lutas históricas e, em muitos casos, predominam na determinação da sua *forma*.

A intenção de Engels é negar a existência de qualquer correspondência mecânica e biunívoca entre a base e a superestrutura; os elementos da superestrutura reagem constantemente à base econômica e a influenciam. A teoria materialista da História nega que a arte possa, *por si só*, mudar o curso da História; mas ela insiste que a arte pode ser um elemento ativo em tal mudança. Na verdade, quando Marx se propôs a refletir sobre a relação entre a base e a superestrutura, ele escolheu justamente a arte como exemplo do caráter complexo e indireto dessa relação:

No caso das artes, é bem sabido que a magnitude de certos períodos de florescimento não corresponde ao nível geral de desenvolvimento da sociedade nem, por conseguinte, à base material – o esqueleto, por assim dizer, da sua organização. Por exemplo, os gregos em relação aos modernos ou mesmo Shakespeare. Também se reconhece que determinadas formas de arte (por exemplo, a epopeia) não podem mais ser produzidas com a mesma estatura histórica de outrora desde que a produção da arte, como tal, começou; ou seja, que importantes formas dentro da esfera artística só são possíveis em um estágio rudimentar de desenvolvimento artístico. Se for esse o caso da relação entre os diferentes tipos de arte dentro da esfera artística, fica menos surpreendente constatar que o mesmo ocorre com a relação de toda a esfera com o desenvolvimento geral da sociedade. A dificuldade está apenas na formulação geral dessas contradições. Basta especificá-las para que elas sejam esclarecidas.[10]

Marx está refletindo aqui sobre o que ele chama de "a relação desigual entre o desenvolvimento da produção material [...] e a produção artística". Isso não significa que os maiores feitos artísticos dependam do mais alto nível de desenvolvimento das forças produtivas – como o exemplo dos gregos, que produziram grande arte em uma sociedade pouco desenvolvida economicamente,

---

[10] Marx, Introdução. In: *Grundrisse*.

demonstra com clareza. Algumas das principais formas artísticas, como a epopeia, só são *possíveis* em uma sociedade pouco desenvolvida. Por que, Marx então pergunta, ainda somos sensíveis a essas formas, dada a nossa distância histórica delas?

Mas a dificuldade não está em entender que as artes gregas e a epopeia estão intimamente associadas a certas formas de desenvolvimento social. A dificuldade é que elas ainda nos proporcionam prazer estético e que, em certos aspectos, elas representam um padrão e um modelo inigualável.

Por que a arte grega ainda nos proporciona prazer estético? A resposta que Marx então oferece tem sido fortemente desprezada como inepta e absurda por comentaristas hostis:

Um homem não pode se tornar criança novamente sem se tornar infantil. Mas ele não encontra satisfação na ingenuidade de uma criança? E não deve, ele próprio, buscar reproduzir essa verdade em um plano mais elevado? O verdadeiro caráter de cada era não se materializa na natureza de suas crianças? Por que não deveria a infância histórica da humanidade, seu mais belo desabrochar, exercer um fascínio eterno como uma etapa que nunca mais voltará? Existem crianças desobedientes e crianças precoces. Muitos dos povos antigos pertencem a esta categoria. Os gregos eram crianças normais. O fascínio que temos pela sua arte não está em contradição com o estágio pouco desenvolvido da sociedade em que ela cresceu. É, pelo contrário, seu resultado e está, pelo contrário, inextricavelmente ligado ao fato de que as condições sociais imaturas das quais ela surgiu, as únicas das quais ela poderia ter surgido, jamais poderão voltar.

Assim, nosso gosto pela arte grega é um lapso nostálgico à infância – um sentimentalismo não materialista sobre o qual os críticos hostis se lançam com prazer. Mas a passagem só pode ser tratada dessa maneira se for arrancada de modo grosseiro do contexto em que aparece – os rascunhos de 1857, conhecidos hoje como *Grundrisse*. Colocada de volta em contexto, o significado torna-se claro instantaneamente. Os gregos, Marx argumenta, foram capazes de produzir grande arte não *apesar*, mas sim *por causa* do estado pouco desenvolvido da sua sociedade. Em sociedades antigas, que ainda não passaram pela "divisão do trabalho" fragmentadora conhecida como capitalismo, a supremacia da "quantidade" em relação à "qualidade" que resulta da produção de bens e do desenvolvimento contínuo e inquieto das forças produtivas, pode-se alcançar uma certa "proporcionalidade" ou harmonia entre o homem e a natureza – uma harmonia que depende precisamente da natureza *limitada* da sociedade grega. O mundo "infantil" dos gregos é atrativo porque ele prospera dentro de limites proporcionais – limites e proporções que são brutalmente quebrados pela sociedade burguesa com sua demanda ilimitada pela produção e consumo. Historicamente, é essencial que essa sociedade restrita seja desfeita à medida que as forças produtivas se expandem além de suas fronteiras; mas quando Marx fala em "buscar reproduzir essa verdade em um plano mais elevado", ele está claramente se referindo à sociedade comunista do futuro, em que recursos ilimitados servirão a um homem que se desenvolve de modo também ilimitado.[11]

Das formulações de Marx nos *Grundrisse*, surgem então duas questões. A primeira se refere à relação entre "base" e

---

[11] Cf. o ensaio de Stanley Mitchell sobre Marx em Hall; Walton (orgs.), *Situating Marx*.

"superestrutura"; a segunda, à nossa própria relação no presente com a arte antiga. Começarei pela segunda questão: como podemos nós, indivíduos modernos, ainda encontrar apelo estético em produtos culturais de sociedades antigas e vastamente diferentes? De certo modo, a resposta que Marx oferece não é diferente da resposta à primeira questão: como é que nós, indivíduos modernos, ainda somos sensíveis aos feitos de, por exemplo, Espártaco? Temos uma reação emocional a Espártaco ou à escultura grega porque nossa própria história nos vincula a essas sociedades antigas; encontramos nelas um estágio anterior das forças que nos condicionam. Além disso, encontramos nessas sociedades antigas uma imagem primitiva de "proporcionalidade" entre o homem e a natureza que a sociedade capitalista necessariamente destrói, e que essa mesma sociedade pode reproduzir em um nível incomparavelmente mais alto. Devemos, em outras palavras, pensar na "História" em termos mais abrangentes do que a nossa própria História contemporânea. Refletir sobre a relação de Dickens com a História não significa apenas perguntar sobre sua relação com a Inglaterra vitoriana, pois essa sociedade também era produto de uma longa História que incluía Shakespeare e Milton. A visão da História que a define meramente como o "momento contemporâneo", relegando todo o resto ao "universal", é curiosamente limitada. Uma resposta ao problema do passado e do presente é proposta por Bertolt Brecht, que argumenta que

> precisamos desenvolver a sensibilidade histórica [...] para que se torne um verdadeiro deleite sensual. Quando nossos teatros apresentam peças de outros períodos, eles gostam de aniquilar a distância, preencher as lacunas, minimizar as diferenças. Mas onde então fica o prazer derivado das comparações, da distância, da dissimilitude – que é, ao mesmo tempo, um prazer vindo daquilo que é próximo e próprio a nós mesmos?[12]

O outro problema proposto pelos *Grundrisse* é a relação entre a base e a superestrutura. Marx deixa claro que esses dois aspectos da sociedade não constituem uma relação simétrica, dançando um minueto harmonioso de mãos dadas ao longo da História. Cada elemento da superestrutura de uma sociedade

---

[12] Brecht, Short Organum on the Theatre (apêndices). In: Willett (org.), *Brecht on Theatre: The Development of an Aesthetic*.

– a arte, as leis, a política, a religião – possui seu próprio ritmo de desenvolvimento, sua própria evolução externa, que não é reduzível a uma mera expressão da luta de classes ou ao estado da economia. A arte, como observa Trotski, possui "um alto grau de autonomia"; ela não está ligada de forma simples e biunívoca ao modo de produção. E ainda assim o marxismo também alega que, em última análise, a arte é determinada por esse modo de produção. Como podemos explicar essa discrepância aparente?

Tomemos um exemplo literário concreto. Poderíamos propor um argumento "marxista vulgar" sobre *The Waste Land* [A terra desolada], que afirmasse que o poema é determinado diretamente por fatores ideológicos e econômicos – pelo vazio e pela exaustão espiritual da ideologia burguesa que surge da crise do capitalismo imperialista conhecida como Primeira Guerra Mundial. O objetivo seria explicar o poema como um "reflexo" imediato dessas condições; mas isso claramente não leva em consideração toda uma série de níveis que servem de mediadores entre o texto e a economia capitalista. Não diz nada, por exemplo, sobre a situação social do próprio

Eliot – um escritor que vivia um relacionamento ambíguo com a sociedade inglesa, como expatriado norte-americano "aristocrático" que se tornou um caixa de banco glorificado e que, no entanto, se identificava profundamente com os elementos tradicionais-conservadores, em vez de burgueses-comerciais, da ideologia inglesa. Não diz nada sobre as formas mais gerais dessa ideologia – nada sobre sua estrutura, conteúdo e complexidade interna, nem sobre como tudo isso era produzido pelas relações de classe extremamente complexas presentes na sociedade inglesa da época. Fica calado em relação à forma e à linguagem de *The Waste Land* – em relação à razão de Eliot, apesar do seu extremo conservadorismo político, ser um poeta vanguardista que escolhia, dentre as formas literárias disponíveis historicamente a ele, certas técnicas experimentais "progressistas", e também em relação às bases ideológicas dessas escolhas. Com essa abordagem, não aprendemos nada sobre certas formas de "espiritualidade", em parte cristãs, em parte budistas, em que o poema se inspira; nem sobre o papel exercido sobre a formação ideológica do período pelo tipo de antropologia (Fraser) e filosofia burguesas (o idealismo de F. H. Bradley) utilizado pelo poema. Continuamos sem esclarecimentos sobre a posição social de Eliot como artista, como parte de uma elite conscientemente erudita e experimental, com modos específicos de publicação (a editora independente, a revista literária) à disposição; nem sobre o tipo de público implícito nesses fatos e o seu impacto sobre os estilos e as técnicas literárias do poema. Permanecemos ignorantes sobre a relação entre o poema e as teorias estéticas associadas a ele – sobre o papel da estética na ideologia da época e a forma como ela afeta a elaboração do próprio poema.

Qualquer entendimento completo de *The Waste Land* precisaria levar esses (e outros) fatores em consideração. Não é uma questão de *reduzir* o poema ao estado do capitalismo contemporâneo; mas também não se trata de introduzir tantas complicações judiciosas que algo tão grosseiro quanto o capitalismo possa, para todos os fins práticos, ser esquecido. Pelo contrário: todos os elementos que enumerei (a posição social do autor, as formas ideológicas e suas relações com as formas literárias, a "espiritualidade" e a filosofia, as técnicas de produção literária, a teoria estética) têm relevância direta para o modelo de base/superestrutura. O que a crítica marxista busca é a *conjuntura* singular de elementos que conhecemos como *The Waste Land*.[13] Nenhum desses elementos pode ser combinado com os outros: cada um possui sua própria independência relativa. Essa obra literária pode, de fato, ser explicada como um poema que surge de uma crise ideológica burguesa, mas ele não exibe uma correspondência simples com essa crise ou com as condições políticas e econômicas que a produziram. (Como poema, ele naturalmente não pode *conhecer a si mesmo* como produto de uma crise ideológica específica, pois se o fizesse deixaria de existir. Ele precisa traduzir a crise em termos "universais" – para compreendê-la como parte de uma condição humana imutável, compartilhada tanto pelos egípcios

---

[13] Para formular a questão em termos teoricamente mais complexos: a influência da "base" econômica em *The Waste Land* fica evidente não de forma direita, mas porque a base econômica é aquilo que, em última instância, determina o estado de desenvolvimento de cada elemento da superestrutura (religioso, filosófico e assim por diante) que participou da sua composição, além de determinar as inter-relações estruturais entre esses elementos, das quais o poema representa uma conjuntura específica.

antigos quanto pelo homem moderno.) A relação de *The Waste Land* com a verdadeira História de sua época é, portanto, altamente *mediada*; e, nesse sentido, ele é igual a todas as obras de arte.

Literatura e ideologia

Friedrich Engels observa em *Ludwig Feuerbach e o fim da filosofia clássica alemã* [1886] que a arte é muito mais rica e opaca do que a teoria política e econômica porque é menos puramente ideológica. É importante compreender aqui o significado preciso de "ideologia" no marxismo. A ideologia não é, em primeiro lugar, um conjunto de doutrinas; ela representa a maneira como os homens exercem seus papéis na sociedade de classes, os valores, as ideias e as imagens que os amarram às suas funções sociais e assim evitam que conheçam verdadeiramente a sociedade como um todo. Nesse sentido, *The Waste Land* é ideológico: ele mostra um homem que tenta entender suas experiências de diversas formas que lhe negam o conhecimento verdadeiro da sua sociedade e que são, consequentemente, falsas. Toda arte surge de uma concepção ideológica do mundo; não existe, Plekhanov comenta, qualquer obra de arte que seja inteiramente livre de conteúdo ideológico. Mas as observações de Engels sugerem que a arte tem uma relação mais complexa com a ideologia do que o direito ou a teoria política, que incorporam de forma mais transparente os interesses da classe dominante. A questão, portanto, gira em torna da relação entre a arte e a ideologia.

Essa não é uma questão simples de se resolver. São possíveis aqui duas posições extremas e opostas. A primeira é que a literatura não é *nada mais* que a ideologia em uma determinada forma artística – as obras literárias são apenas uma forma de expressão das ideologias da época. Elas são prisioneiras da "falsa consciência", incapazes de superá-la para encontrar a verdade. Essa posição é característica de grande parte da crítica "marxista vulgar", que tende a ver as obras literárias como meros reflexos das ideologias dominantes. Como tal, ela é incapaz de explicar, em primeiro lugar, por que tantas obras literárias *desafiam* os pressupostos ideológicos da sua época. O argumento oposto aproveita-se do fato de tantas obras desafiarem a ideologia que defrontam e o torna parte da própria definição de arte literária. A arte autêntica, como Ernst Fischer argumenta em *Kunst und Koexistenz* [Arte e coexistência] [1966], obra expressivamente traduzida para o inglês como *Art Against Ideology* [A arte contra a ideologia] [1969], sempre transcende os limites ideológicos de sua época, dando-nos *insights* sobre as realidades que a ideologia esconde.

Ambos os argumentos parecem-me simplistas demais. Uma explicação mais sutil (embora ainda incompleta) da relação entre a literatura e a ideologia é dada pelo teórico marxista francês Louis Althusser.[14] Ele argumenta que a arte não pode ser reduzida à ideologia: há, em vez disso, uma *relação* entre elas. A ideologia representa as maneiras imaginárias com que os homens vivem e concebem o mundo real, o que é, naturalmente, o tipo de experiência que a literatura também nos proporciona – a sensação de viver em determinadas condições em vez de uma análise conceitual dessas condições. Porém,

---

[14] Cf. Althusser, L. Letter on Art in Reply to André Daspre. In: *Lenin and Philosophy*. Cf. também o ensaio seguinte sobre o pintor abstrato Cremonini.

a arte não se limita a refletir essa experiência passivamente. A arte encontra-se imersa em ideologia, mas também consegue se distanciar dela, a ponto de nos permitir "sentir" e "observar" a ideologia de onde surge. Ao fazer isso, a arte não nos permite *conhecer* a verdade que a ideologia esconde, já que para Althusser o "conhecimento", no sentido estrito, significa conhecimento *científico* – o tipo de conhecimento, por exemplo, sobre o capitalismo que nos é proporcionado por *O capital* de Marx em contraste com *Hard Times* [Tempos difíceis] de Dickens. A diferença entre a ciência e a arte não é que elas lidam com objetos de estudo diferentes, mas que lidam com os mesmos objetos de modo diferente. A ciência nos fornece conhecimento conceitual de uma situação; a arte nos proporciona a experiência dessa situação, que é equivalente à ideologia. Mas ao fazer isso, ela nos permite "ver" a natureza dessa ideologia e, assim, começa a nos conduzir ao entendimento completo da ideologia, que é o conhecimento científico.

A maneira como a literatura é capaz de fazer isso é explorada de forma mais detalhada por um dos colegas de Althusser, Pierre Macherey. Em seu livro *Pour une théorie de la production littéraire* [Para uma teoria da produção literária] [1966], o autor faz uma distinção entre o que ele chama de "ilusão" (que significa, essencialmente, ideologia) e "ficção". Ilusão – a experiência ideológica comum dos homens – é o material com que o escritor trabalha; mas ao trabalhá-lo, ele o transforma em algo diferente, conferindo--lhe forma e estrutura. É dando à ideologia uma forma determinada, fixando-a dentro de certos limites ficcionais, que a arte é capaz de se distanciar dela, revelando-nos assim os limites dessa ideologia. Com isso, Macherey afirma, a arte contribui para nossa libertação da ilusão ideológica.

Considero os comentários de Althusser e Macherey ambíguos e obscuros em pontos cruciais; mas a relação que eles propõem entre literatura e ideologia é, não obstante, profundamente sugestiva. A ideologia, para ambos os críticos, é mais do que um conjunto amorfo de imagens e ideias flutuantes; em qualquer sociedade, ela possui uma certa coerência estrutural. Como ela possui essa coerência relativa, a ideologia também pode ser objeto de análise científica; e já que os textos literários "pertencem" à ideologia, eles também podem ser objetos dessa análise científica. A crítica científica buscaria explicar a obra literária em termos da estrutura ideológica da qual faz parte e que ela, não obstante, transforma em sua arte: ela buscaria o princípio que, simultaneamente, une a obra à ideologia e a distancia dela. A crítica marxista de maior estatura tem feito precisamente isso; o ponto de partida de Macherey são as brilhantes análises que Lenin produziu sobre Tolstoi.[15] Fazer isso, porém, significa compreender a obra literária como uma estrutura *formal*; e é sobre essa questão que podemos nos debruçar agora.

---

[15] Reeditado como *Articles on Tolstoy*.

Capítulo dois

Forma e conteúdo

História e forma

Em um de seus primeiros ensaios, *A modern dráma fejlodésének története* [A evolução do drama moderno] [1909], o crítico marxista húngaro Georg Lukács escreveu que "o elemento verdadeiramente social na literatura é a forma". Esse não é o tipo de comentário que veio a ser esperado da crítica marxista. Em primeiro lugar, a crítica marxista tem tradicionalmente se oposto a todos os tipos de formalismo literário, atacando aquela atenção inata às propriedades absolutamente técnicas que tira da literatura a importância histórica e a reduz a um jogo estético. Ela tem, de fato, observado a relação entre essa tecnocracia crítica e o comportamento de sociedades capitalistas avançadas.[1] Em segundo lugar, uma grande parte da crítica marxista tem, na prática, prestado pouca atenção a questões relacionadas à forma artística, protelando a questão em sua persistente busca por conteúdo político. O próprio Marx acreditava que a literatura deveria revelar uma unidade entre forma e conteúdo, e queimou alguns dos seus primeiros poemas líricos porque seus sentimentos rapsódicos eram perigosamente desenfreados; mas ele também desconfiava da escrita excessivamente formalista. Em um de seus primeiros artigos de jornal sobre as canções dos tecelões silesianos, Marx afirmou que meros exercícios estilísticos levavam a um "conteúdo pervertido", que por sua vez imprimiam na forma literária a marca da "vulgaridade". Ele demonstra, em outras palavras, um entendimento *dialético* das relações em questão: a forma é produto do conteúdo, mas reage sobre ele em uma relação bilateral. O comentário de Marx sobre a lei

---

[1] Cf., por exemplo, Fischer, *The Necessity of Art*.

opressivamente formalista em *Rheinische Zeitung* [Gazeta Renana] – "a forma não tem valor a não ser que seja a forma do seu conteúdo" – também pode ser aplicado a suas concepções estéticas.

Ao defender uma unidade entre forma e conteúdo, Marx estava sendo fiel à tradição hegeliana que ele herdou. Hegel havia argumentado em *Vorlesungen über die Ästhetik* [Cursos de estética] [1835] que "todo conteúdo definido determina uma forma adequada a ele". "Imperfeições na forma", ele afirmava, "surgem de imperfeições no conteúdo". É verdade que para Hegel a História da Arte pode ser escrita em termos das relações variantes entre forma e conteúdo. A arte manifesta diferentes estágios de desenvolvimento daquilo que Hegel chama de o Espírito do Mundo, a Ideia ou o Absoluto; esse é o "conteúdo" da arte, que se empenha sucessivamente para se incorporar na forma artística. Em um estágio precoce de desenvolvimento histórico, o Espírito do Mundo não é capaz de encontrar um meio adequado para sua concretização formal: a escultura antiga, por exemplo, revela como o Espírito é obstruído e dominado por um excesso de materiais sensuais que ele não é capaz de moldar para seus próprios fins. A arte clássica grega, por outro lado, alcança uma unidade harmônica entre o conteúdo e a forma, entre o espiritual e o material: aqui, em um breve momento histórico, o "conteúdo" encontra uma encarnação inteiramente apropriada. No mundo moderno, porém, e mais tipicamente no Romantismo, o espiritual absorve o sensual, o conteúdo subjuga a forma. As formas materiais cedem espaço à mais alta manifestação do Espírito que, assim como as forças produtivas de Marx, supera os limitados moldes clássicos que o continham.

Seria um engano pensar que Marx adotou a estética de Hegel de maneira indiscriminada. Esta última é idealista, demasiadamente simplista e dialética só até certo ponto; e, de qualquer modo, Marx discordava de Hegel sobre várias questões estéticas concretas. Ambos os pensadores compartilhavam da convicção de que a forma artística não é uma mera peculiaridade da parte de cada artista. As formas são determinadas historicamente pelo tipo de "conteúdo" que elas devem incorporar; elas são alteradas, transformadas, demolidas e revolucionadas à medida que o conteúdo muda. O "conteúdo", nesse sentido, precede a "forma", do mesmo modo que para o marxismo são as mudanças no "conteúdo material" de uma sociedade, nos seus modos de produção, que determinam as "formas" da sua superestrutura. "A própria forma", observou Fredric Jameson em *Marxism and Form* [Marxismo e forma] [1971], "não é nada mais que a elaboração do conteúdo na esfera da superestrutura". Para aqueles que respondem irritadamente que forma e conteúdo são, de todo jeito, inseparáveis – que a distinção é artificial – convém dizer já que isso obviamente é verdade *na prática*. O próprio Hegel reconhecia isso: "O conteúdo", ele escreveu, "não é nada mais que a transformação da forma em conteúdo, e a forma não é nada mais que a transformação do conteúdo em forma". Porém, embora forma e conteúdo sejam inseparáveis na prática, eles são teoricamente distintos. É por isso que podemos falar das *relações* variantes entre os dois.

Essas relações, porém, não são de fácil compreensão. A crítica marxista vê a forma e o conteúdo em uma relação dialética, mas deseja afirmar, em última instância, a primazia do conteúdo na determinação da forma.[2] Essa ideia é expressa, de modo tortuoso porém correto, por Ralph Fox em *The Novel and the People* [O romance e o povo] [1937], quando declara que "a forma é produzida pelo conteúdo, é idêntica e está em harmonia com ele; e, embora a primazia seja do conteúdo, a forma reage sobre o conteúdo e nunca permanece passiva". Essa concepção dialética da relação forma/ conteúdo é definida em contraste com duas posições opostas. Por um lado, ela ataca a escola formalista (personificada pelos formalistas russos dos anos 1920), para a qual o conteúdo é uma mera função da forma – de outro modo, o conteúdo de um poema é selecionado apenas para dar suporte aos artifícios técnicos que o poema emprega.[3] Mas ela também critica a noção do "marxismo vulgar" de que a forma artística é apenas um artifício, imposto externamente ao conteúdo turbulento da própria história. Tal posição é encontrada em *Studies in a Dying Culture* [Estudos de uma cultura moribunda]

---

[2] Cf. meu artigo Marxism and Form. In: Cox; Schmidt (orgs.), *Poetry Nation Nº 1*.

[3] Para ler uma exposição valiosa sobre o formalismo russo, cf. Erlich, *Russian Formalism: History and Doctrine*.

[1938], de Christopher Caudwell. Nesse livro, o autor faz a distinção entre o que ele chama de "ser social" – o material vital e instintivo da experiência humana – e as formas de consciência de uma sociedade. A revolução ocorre quando essas formas, tendo se tornado ossificadas e obsoletas, são arrebentadas pela corrente dinâmica e caótica do próprio "ser social". Caudwell, em outras palavras, concebe o "ser social" (*conteúdo*) como algo inerentemente sem forma, e as formas como algo inerentemente restritivo; isto é, ele não possui um entendimento suficientemente dialético das relações em questão. Ele não enxerga que a "forma" não se limita a processar o material bruto do "conteúdo", porque esse conteúdo (seja ele social ou literário) já é, para o marxismo, *informado*; ele já possui uma estrutura significativa. O ponto de vista de Caudwell é uma simples variante do lugar-comum da crítica burguesa de que a arte "organiza o caos da realidade". (Qual é o significado ideológico de ver a realidade como caótica?) Fredric Jameson, em contraste, fala da "lógica interna do conteúdo", da qual as formas sociais ou literárias são produtos transformativos.

Dada essa visão tão limitada da relação entre forma e conteúdo, não surpreende constatar que os críticos marxistas ingleses da década de 1930 com frequência cometiam o erro do "marxismo vulgar" de pilhar as obras literárias em busca do seu conteúdo ideológico, relacionando-o diretamente à luta de classes ou à economia.[4] Era contra esse perigo que o comentário de Lukács tinha o objetivo de nos advertir: os verdadeiros condutores da ideologia na arte são as formas da própria obra, não o conteúdo que delas podemos abstrair. Encontramos a marca da história na obra literária precisamente *como literária*, não como qualquer forma superior de documentação social.

Forma e ideologia

O que significa dizer que a forma literária é ideológica? Em um sugestivo comentário

---

[4] Cf. as observações de Caudwell sobre a poesia em *Illusion and Reality* e *Romance and Realism*; consulte também o artigo de Francis Mulhern sobre a estética de Caudwell em *New Left Review*, n.85, mai.-jun. 1974. Não tenho a intenção de insinuar que Caudwell, que tentou de modo heroico construir uma estética marxista completa em condições notavelmente desfavoráveis, possa ser rejeitado simplesmente como "marxista vulgar".

em *Literatura e revolução*, Leon Trotski sustenta que "a relação entre forma e conteúdo é determinada pelo fato de a nova forma ser descoberta, proclamada e desenvolvida sob a pressão de uma necessidade interna, de uma demanda psicológica coletiva que, como todas as coisas, [...] possui raízes sociais". Assim, avanços significativos na forma literária resultam de mudanças significativas na ideologia. Eles representam novas maneiras de discernir a realidade social e (como veremos mais adiante) novas relações entre o artista e o público. Isso fica evidente se observarmos exemplos bem documentados como a ascensão do romance na Inglaterra do século XVIII. O romance, como Ian Watt argumenta,[5] revela em sua própria *forma* um conjunto modificado de interesses ideológicos. Não importa o conteúdo que um romance específico possa ter, ele compartilha certas estruturas formais com outras obras desse tipo: uma transição de interesse pelo romântico e sobrenatural para a psicologia individual e a experiência "rotineira"; uma concepção de personagem substancial e próxima à vida real; um interesse pelas

---

[5] Watt, *The Rise of the Novel*.

fortunas materiais de um protagonista individual que se desloca por uma narrativa linear de evolução imprevisível; e assim por diante. Essa forma modificada, Watt alega, é produto de uma classe burguesa cada vez mais confiante, cuja consciência excedeu os limites das convenções literárias "aristocráticas" mais antigas. Plekhanov argumenta de forma bastante similar em *French Dramatic Literature and French 18th Century Painting*[6] [A literatura dramática e a pintura francesa no século XVIII] que a transição da tragédia clássica para a comédia sentimental na França reflete uma transição dos valores aristocráticos para os burgueses. Ou tome como exemplo a ruptura entre o naturalismo e o expressionismo no teatro europeu por volta da virada do século. Isso, como sugere Raymond Williams,[7] sinaliza uma quebra de certas convenções dramáticas que, por sua vez, representam "estruturas de sentimento" específicas, um conjunto de maneiras tradicionais de apreender e res- ponder à realidade. O expressionismo sente a necessidade de transcender os limites de

---

[6] Reeditado em Plekhanov, *Art and Social Life*.
[7] Williams, *Drama from Ibsen to Brecht*.

um teatro naturalista que toma o mundo comum burguês como sólido, de rasgar essa farsa e dissolver suas relações sociais, penetrando pelo símbolo e pela fantasia nas psiques alienadas e divididas que a "normalidade" esconde. A transformação de uma convenção teatral significa, portanto, uma transformação mais profunda na ideologia burguesa, à medida que as confiantes noções de individualidade e relações humanas do período vitoriano começam a se fragmentar e desintegrar diante das crescentes crises capitalistas mundiais.

Não é preciso dizer que não há uma relação simples e simétrica entre as mudanças na forma literária e na ideologia. A forma literária, como Trotski nos faz lembrar, possui um alto grau de autonomia; ela evolui em parte de acordo com suas próprias pressões internas, sem se curvar diante de todo vento ideológico que sopra. Assim como para a teoria econômica marxista cada formação econômica tende a conter resquícios de modos de produção mais antigos, também sobrevivem nas novas formas literárias vestígios das antigas. A forma, eu diria, é sempre uma unidade complexa composta por pelo menos três elementos: ela é moldada em parte por uma história literária das formas "relativamente autônomas"; ela cristaliza-se a partir de certas estruturas ideológicas dominantes, como observamos no caso do romance; e como veremos mais adiante, ela personifica um conjunto específico de relações entre autor e público. É a unidade dialética entre esses elementos que a crítica marxista se preocupa em analisar. Ao selecionar uma forma, portanto, o escritor descobre que sua escolha já está limitada ideologicamente. Ele pode combinar e transmutar as formas disponíveis em uma tradição literária, mas essas formas, assim como suas permutações, carregam uma importância ideológica em si mesmas. As linguagens e as técnicas que um escritor tem à mão já estão saturadas de certos modos ideológicos de percepção, certas maneiras codificadas de interpretar a realidade;[8] e o grau em que ele pode modificar ou recriar essas linguagens não depende apenas do seu gênio pessoal. Depende da "ideologia", em um determinado momento histórico, ser tal que essas linguagens devam e possam ser alteradas.

---

[8] Cf. Barthes, *Writing Degree Zero*.

Lukács e a forma literária

É na obra de Georg Lukács que o problema da forma literária é explorado de modo mais exaustivo.[9] Em sua obra pré-marxista, *A teoria do romance* [1920], Lukács segue os passos de Hegel ao conceber o romance como a "epopeia burguesa", mas uma epopeia que, diferente da sua equivalente clássica, revela o desenraizamento e a alienação do homem na sociedade moderna. Na sociedade clássica grega, o homem está em casa no universo, movendo-se dentro de um mundo de significado imamente, completo e equilibrado,

---

[9] Lukács nasceu em Budapeste em 1885, filho de um rico banqueiro, e o início do seu desenvolvimento intelectual sofreu influência de várias fontes, inclusive Hegel. Duas de suas primeiras obras foram *A alma e as formas* [1911] e *A teoria do romance* [1920]. Ele juntou-se ao Partido Comunista em 1918 e se tornou comissário de educação na breve República Soviética da Hungria, escapando para a Áustria quando o regime caiu. Em 1923, ele produziu sua principal obra teórica, *História e consciência de classe*, que foi condenada como idealista pela Internacional Comunista. Quando Hitler chegou ao poder, Lukács emigrou para Moscou, dedicando seu tempo aos estudos literários; são desse período *Studies in European Realism* [1972] e *The Historical Novel* [1962]. Em 1945, ele retornou à Hungria e, em 1956, tornou-se ministro da Cultura no governo de Nagy após a revolta contra a Rússia. Ele foi deportado por um ano para a Romênia, porém mais tarde foi autorizado a retornar. Ele também publicou *The Meaning of Contemporary Realism* [1963] e outros trabalhos sobre Lenin, Hegel, Goethe e Estética.

adequado às demandas da alma. O romance surge quando essa integração harmoniosa entre o homem e seu mundo é estilhaçada; o herói da ficção agora busca a totalidade, alienado de um mundo vasto ou limitado demais para dar forma aos seus desejos. Perseguida pela disparidade entre a realidade empírica e um absoluto esvanecido, a forma do romance é tipicamente *irônica*; é "a epopeia de um mundo abandonado por Deus".

Lukács rejeitou esse pessimismo cósmico quando se tornou marxista; mas grande parte da sua obra posterior sobre o romance retém a ênfase hegeliana de *A teoria do romance*. Para o Lukács marxista de *Studies in European Realism* [Estudos sobre o realismo europeu] e *The Historical Novel* [O romance histórico], os maiores artistas são aqueles que conseguem recapturar e recriar a totalidade harmoniosa da vida humana. Em uma sociedade em que o geral e o particular, o conceitual e o sensual, o social e o individual estão cada vez mais dissociados pelas "alienações" do capitalismo, o grande escritor reúne-os dialeticamente em uma totalidade complexa. Sua ficção reflete assim, em uma forma microcósmica, a complexa totalidade da própria sociedade. Ao fazer isso, a grande arte combate a alienação e a fragmentação da sociedade capitalista, projetando uma imagem rica e multifacetada da completude humana. Lukács dá a essa arte o nome de "realismo", incluindo nela tanto os gregos e Shakespeare quanto Balzac e Tolstoi; os três grandes momentos do "realismo" histórico são a Grécia Antiga, a Renascença e a França do início do século XIX. Uma obra "realista" é dotada de um conjunto complexo e abrangente de relações entre o homem, a natureza e a história; e essas relações personificam e desenvolvem aquilo que, para o marxismo, são as características mais "típicas" de um determinado período histórico. Lukács chama de "típicas" as forças latentes em uma determinada sociedade que são, do ponto de vista marxista, as mais progressistas e significativas historicamente, que revelam a estrutura e a dinâmica interna dessa sociedade. A tarefa do escritor realista é elaborar essas tendências e forças "típicas" na forma de pessoas e ações sensorialmente concretas; ao fazer isso, ele vincula o indivíduo ao todo social, além de permear cada detalhe concreto da vida social com o poder do "histórico-universal" – os movimentos significativos da própria história.

Os principais conceitos críticos de Lukács – "totalidade", "tipicidade", "histórico-universal" – são antes hegelianos em sua essência, do que diretamente marxistas, apesar de Marx e Engels terem usado a noção de "tipicidade" em sua própria crítica literária. Engels observou em uma carta a Lassalle que o genuíno personagem deve combinar a tipicidade com a individualidade; e tanto ele quanto Marx consideram essa uma grande realização de Shakespeare e Balzac. Um personagem "típico" ou "representativo" encarna forças históricas sem deixar, por causa disso, de ser individualizado de maneira rica; e para um escritor dramatizar essas forças históricas ele deve, para Lukács, ser "progressista" em sua arte. Toda grande arte é socialmente progressista no sentido de que, não importa qual seja a afiliação política consciente do autor (e, no caso de Scott e Balzac, ela é abertamente reacionária), ela torna concretas as forças "histórico-universais" de uma época, forças que formam a base para a mudança e o crescimento, revelando seu potencial de desenvolvimento em seu mais alto grau de complexidade. O escritor realista, assim, penetra por meio dos fenômenos acidentais da vida social para expor a essência ou o essencial de uma condição, selecionando-os ou combinando-os em uma forma integral e elaborando-os como uma experiência concreta.

Para Lukács, o fato de o escritor poder ou não fazer isso depende não só da sua habilidade pessoal, mas também da sua posição dentro da história. Os grandes escritores realistas surgem de uma história que está visivelmente em criação; o romance histórico, por exemplo, aparece como *gênero* em um momento de turbulência revolucionária no início do século XIX, em que era possível para os escritores compreender o presente como *história* – ou, para usar a expressão de Lukács, ver a história passada como a "pré-história do presente". Shakespeare, Scott, Balzac e Tolstoi são capazes de produzir uma grande arte realista porque estão presentes no tumultuoso nascimento de um período histórico, estando assim dramaticamente envolvidos com a dinâmica e os conflitos "típicos" das suas sociedades, que se mostram expostos de modo vívido. É esse "conteúdo" histórico que lança as bases para sua realização formal; "a riqueza e profundidade dos personagens criados", Lukács alega, "depende da riqueza e da profundidade do processo social como um todo".[10] Para os sucessores dos realistas – para, digamos, Flaubert, que sucede a Balzac –, a história já é um objeto inerte, um fato determinado externamente, que já não é mais imaginável como produto dinâmico dos homens. O realismo, privado das condições históricas que lhe deram origem, fragmenta-se e degenera-se no "naturalismo", por um lado, e no "formalismo", por outro.

Para Lukács, a transição crucial aqui é o fracasso das revoluções europeias de 1848 – um fracasso que sinaliza a derrota do proletariado, confirma o fim do período progressista e heroico de dominação burguesa, congela a luta de classes e dá a deixa para que a burguesia inicie sua sórdida tarefa de consolidar o capitalismo. A ideologia burguesa esquece seus ideais revolucionários, tira a realidade do seu contexto histórico e aceita a sociedade como um fato natural. Balzac descreve as últimas grandes lutas contra a degradação capitalista do homem, ao passo que seus sucessores registram

---

[10] Extraído de um artigo de Lukács em *New Hungarian Quarterly*, v.13, n.47, out. 1972.

passivamente um mundo capitalista já degradado. Esse esvaziamento da história de sua direção e significado resulta na arte que conhecemos como naturalismo. Lukács chama de naturalismo a distorção do realismo, representado por Zola, que simplesmente reproduz de maneira fotográfica os fenômenos superficiais da sociedade, sem penetrar em sua essência. Os detalhes observados de modo meticuloso substituem a representação de traços "típicos"; as relações dialéticas entre os homens e o seu mundo dão espaço a um ambiente de objetos mortos e contingentes, desconectado dos personagens; o personagem genuinamente "representativo" entrega-se ao "culto do ordinário"; a psicologia ou a fisiologia depõe a história como verdadeiro determinante da ação individual. É uma visão alienada da realidade, que transforma o escritor de participante ativo na história em observador clínico. Sem um entendimento do típico, o naturalismo é incapaz de criar uma totalidade significativa com seus materiais; as ações épicas ou dramáticas unificadas lançadas pelo realismo desmoronam em um conjunto de interesses puramente privados.

O "formalismo" é uma reação na direção oposta, mas revela a mesma perda de significado histórico. Nas palavras alienadas de Kafka, Musil, Joyce, Beckett e Camus, o homem é despido da sua história e não possui qualquer realidade além do eu; o personagem é dissolvido em estados mentais, a realidade é reduzida ao caos ininteligível. Assim como no naturalismo, a unidade dialética entre o mundo interno e o externo é destruída, e tanto o indivíduo quanto a sociedade são esvaziados de sentido. Os indivíduos são dominados pelo desespero e pela angústia, privados de relações sociais e, consequentemente, da identidade autêntica; a história torna-se sem sentido ou cíclica, reduzida a mera duração. Os objetos carecem de importância e se tornam meramente contingentes; e assim o simbolismo é suplantado pela alegoria, que rejeita a ideia de sentido imanente. Se o naturalismo é uma espécie de objetividade abstrata, o formalismo é então uma subjetividade abstrata; ambos divergem daquela forma de arte genuinamente dialética (o realismo), cuja forma concilia o concreto e o geral, a essência e a existência, o tipo e o indivíduo.

Goldmann e o estruturalismo genético

O mais importante discípulo de Georg Lukács, naquela que é chamada de Escola Neo-Hegeliana de crítica marxista, é o crítico romeno Lucien Goldmann.[11] O interesse de Goldmann consiste em examinar a estrutura do texto literário para determinar o grau em que ele incorpora a estrutura de pensamento (ou "visão de mundo") do grupo ou da classe social a que pertence o escritor. Quanto mais o texto se aproxima de uma elaboração completa e coerente da "visão de mundo" da classe social, maior é a sua validade como obra de arte. Para Goldmann, as obras literárias não devem ser vistas, em primeiro lugar, como a criação de indivíduos, mas sim daquilo que ele chama de "estruturas mentais transindividuais" de um grupo social – ou seja, a estrutura de ideias, valores e aspirações que esse grupo compartilha.

---

[11] Cf. especialmente de Goldmann *The Hidden God*; *Towards a Sociology of the Novel*; e *The Human Sciences and Philosophy*. Importantes artigos do autor disponíveis em inglês: Criticism and Dogmatism in Literature. In: Cooper (org.), *The Dialects of Liberation*; The Sociology of Literature: Status and Problems of Method, *International Social Science Journal*; e Ideology and Writing, *Times Literary Supplement*. Ver também Glucksmann, A Hard Look at Lucien Goldmann, *New Left Review*; e Williams, From Leavis to Goldmann, *New Left Review*.

Os grandes escritores são aqueles indivíduos excepcionais que conseguem transpor para a arte a visão de mundo da classe ou do grupo a que pertencem, e que fazem isso de uma forma peculiarmente unificada e transparente (mesmo que não necessariamente consciente).

Goldmann chama esse método crítico de "estruturalismo genético", e é importante entender ambos os termos dessa expressão. *Estruturalismo* porque ele tem menos interesse no conteúdo de uma visão de mundo do que na estrutura de categorias que ela exibe. Dois escritores aparentemente diferentes podem, portanto, ser vistos como parte da mesma estrutura mental coletiva. *Genético* porque Goldmann tem interesse no modo como essas estruturas mentais são produzidas historicamente – ou seja, nas relações entre uma visão de mundo e as condições históricas que a propiciam.

O trabalho de Goldmann sobre Racine em *Le Dieu caché* [O Deus oculto] talvez seja o modelo mais exemplar do seu método crítico. Ele distingue no drama de Racine uma determinada estrutura recorrente de categorias – Deus, mundo, homem – que são alteradas em seu "conteúdo" e suas inter-relações de peça a peça, mas que revelam uma visão de mundo específica. É a visão de mundo dos homens que estão perdidos em um mundo sem valores, que aceitam esse mundo como o único que existe (já que Deus está ausente), e que apesar disso continuam a protestar contra esse fato – a se justificar em nome de um valor absoluto que está sempre oculto. Goldmann encontra a base dessa visão de mundo no movimento religioso francês conhecido como jansenismo; e ele o explica, por sua vez, como produto de um grupo social deslocado na França do século XVII – a chamada *noblesse de robe*, os funcionários da corte que eram dependentes financeiros da monarquia e que, apesar disso, se tornavam cada vez mais impotentes diante do absolutismo crescente. A situação contraditória desse grupo, que precisava da Coroa mas era politicamente oposto a ela, é expressa na recusa por parte do jansenismo tanto do mundo quanto de qualquer desejo de alterá-lo historicamente. Tudo isso possui uma importância "histórico-universal": a *noblesse de robe*, ela própria recrutada na classe burguesa, representa o fracasso da burguesia em derrubar o absolutismo real e estabelecer as condições para o desenvolvimento do capitalismo.

O que Goldmann busca é, portanto, um conjunto de relações estruturais entre o texto literário, a visão de mundo e a própria história. Ele deseja mostrar como a situação histórica de um grupo ou uma classe social é transposta, por meio da mediação da sua visão de mundo, para a estrutura de uma obra literária. Para fazer isso, não é suficiente começar com o texto no centro e se afastar até chegar à história, ou vice-versa; é necessário um método dialético de crítica que se desloca constantemente entre o texto, a visão de mundo e a história, ajustando cada um deles de acordo com os outros.

Apesar de interessante, a iniciativa crítica de Goldman parece-me frustrada por alguns defeitos importantes. Seu conceito de consciência social, por exemplo, é hegeliano e não marxista: ele enxerga-o como expressão direta de uma classe social, assim como a obra literária então se torna a expressão direta dessa consciência. Todo o seu modelo, em outras palavras, é exageradamente simétrico, incapaz de acomodar as complexidades e os conflitos dialéticos, as irregularidades e as descontinuidades, que caracterizam a relação da literatura com a sociedade. Ele se deteriora, na sua obra posterior *Pour une sociologie du roman* [Para uma sociologia do romance] [1964], em uma visão essencialmente mecanicista da relação entre a base e a superestrutura.[12]

Pierre Macherey e a forma "descentralizada"

Tanto Lukács quanto Goldmann herdam de Hegel a convicção de que a obra literária deve constituir uma totalidade unificada; e nesse sentido eles estão próximos da posição convencional encontrada na crítica não marxista. Lukács vê a obra como uma totalidade *construída* em vez de um organismo natural; no entanto, há uma inclinação para o pensamento organicista em grande parte de sua crítica. A rejeição dessa crença é uma

---

[12] Cf. Mellor, The Hidden Method: Lucien Goldmann and the Sociology of Literature, *Working Papers in Cultural Studies*. Vale mencionar aqui algumas outras limitações da obra de Goldmann. Parecem-me ser: um contraste incorreto entre "visão de mundo" e "ideologia"; um caráter evasivo em relação ao problema do valor estético; uma concepção não histórica de "estruturas mentais"; e uma certa tendência positivista em alguns dos seus métodos de trabalho.

das várias propostas escandalosas que Pierre Macherey lança tanto à crítica burguesa quanto à neo-hegeliana. Para Macherey, uma obra é vinculada à ideologia não tanto por o que ela diz, mas por o que ela não diz. É nos *silêncios* expressivos de um texto, em suas lacunas e omissões, que a presença da ideologia pode ser sentida de forma mais certa. São esses silêncios que o crítico deve fazer "falar". O texto é, por assim dizer, proibido ideologicamente de dizer determinadas coisas; ao tentar dizer a verdade de sua própria maneira, por exemplo, o autor acaba forçado a revelar os limites da ideologia dentro da qual ele escreve. Ele é forçado a revelar as lacunas e os silêncios, o que a ideologia é incapaz de articular. Em razão do fato de o texto conter essas lacunas e silêncios, ele é sempre *incompleto*. Longe de constituir um todo coerente e balanceado, ele exibe um conflito e uma contradição de significados; e o sentido da obra encontra-se na diferença, e não na unidade, desses significados diferentes. Ao passo que um crítico como Goldmann encontra uma estrutura central na obra, para Macherey ela é sempre "descentralizada"; não há nela uma essência central, apenas um contínuo conflito e uma disparidade de significados. "Espalhado", "disperso", "diverso", "irregular": são esses os epítetos que Macherey utiliza para expressar sua concepção de obra literária.

Porém, quando Macherey argumenta que a obra é "incompleta", ele não quer dizer que há uma peça faltando que o crítico possa preencher. Pelo contrário, a obra é incompleta *por natureza*, vinculada como é a uma ideologia que a silencia em determinados pontos. (Ela é, se preferir, completa em sua incompletude.) A tarefa do crítico não é a de completar a obra, mas a de buscar o princípio do seu conflito de significados e mostrar como tal conflito é produzido pela relação da obra com a ideologia.

Tomando um exemplo um tanto óbvio: em *Dombey and Son* [Dombey e filho], Dickens utiliza diversas linguagens incompatíveis – realista, melodramática, pastoral, alegórica – em sua descrição dos eventos; e esse conflito atinge o seu ápice no famoso capítulo da estrada de ferro, no qual o romance oscila ambiguamente entre reações contraditórias à estrada de ferro (medo, protesto, aprovação, euforia etc.), refletindo-as em um choque de estilos e símbolos. A base ideológica dessa ambiguidade é que o romance é dividido entre a admiração da burguesia convencional pelo progresso industrial e a ansiedade da pequena burguesia em relação aos seus impactos inevitavelmente tumultuosos. Ela demonstra empatia pelos personagens menores que o mundo novo tornou obsoletos, ao mesmo tempo que celebra o ímpeto progressista do capitalismo industrial que causou essa mudança. Ao descobrirmos o princípio do conflito de significados da obra, estamos simultaneamente analisando sua complexa relação com a ideologia vitoriana.

Há, naturalmente, uma diferença entre conflitos de *significado* e conflitos de *forma*. Macherey trata sobretudo daqueles; e essas disparidades não resultam de modo necessário na quebra da forma literária unificada, embora estejam intimamente ligadas a ela. Mais adiante, em nossa discussão sobre Walter Benjamin e Bertolt Brecht, veremos como eles elaboram o argumento marxista sobre a forma, de modo que até uma opção deliberada por formas "abertas" em vez de "fechadas", pelo conflito em vez da resolução, passe a significar um engajamento político.

Capítulo três

O escritor e o engajamento

A arte e o proletariado

Mesmo aqueles que conhecem a crítica marxista apenas de passagem sabem que ela encoraja o escritor a tornar sua arte engajada na causa do proletariado. A imagem que o leigo tem da crítica marxista, em outras palavras, é quase inteiramente moldada pelos eventos literários da época conhecida como stalinismo. Foi estabelecida na Rússia pós-revolucionária a Proletkult, com o objetivo de criar uma cultura puramente proletária sem influências burguesas ("um laboratório de ideologia proletária pura", de acordo com seu líder, Bogdanov); houve o apelo do poeta futurista Maiakovski pela destruição de toda a arte do passado, resumido no slogan "queimem Rafael"; e o Comitê Central do Partido Bolchevique promulgou o decreto de 1928, que afirmava que a literatura deveria servir aos interesses do partido, enviando escritores para visitar canteiros de obras e produzir romances que glorificavam o maquinário. Tudo isso culminou no Congresso dos Escritores Soviéticos de 1934, com a adoção oficial da doutrina do "realismo socialista", construída toscamente por Stalin e Gorki e promulgada por Jdanov, o capanga cultural de Stalin. A doutrina ensinava que era dever do escritor "fornecer um retrato verdadeiro e histórico-concreto da realidade em seu progresso revolucionário", levando em conta "o problema da transformação ideológica e a educação dos trabalhadores no espírito do socialismo". A literatura deveria ser tendenciosa, voltada para o partido, otimista e heroica; ela deveria ser imbuída de um "romantismo revolucionário", retratando os heróis soviéticos e prenunciando o futuro.[1]

---

[1] Cf. Jdanov, *On Literature, Music and Philosophy*. Jdanov permite, no entanto, que os escritores usem *formas* pré-revolucionárias para expressar o conteúdo pós-revolucionário.

O mesmo congresso presenciou Máximo Gorki, outrora convicto defensor da liberdade artística e agora lacaio stalinista, anunciar que o papel da burguesia na literatura mundial havia sido muito exagerado, já que a cultura mundial na verdade estava em declínio desde a Renascença. Os participantes também presenciaram o trabalho de Radek sobre "James Joyce ou o realismo socialista?", que descrevia a obra de Joyce como um monte de bosta cheio de vermes e acusava *Ulisses* (que se passa em 1903) de falsidade porque não fazia referência à Revolta da Páscoa na Irlanda (1916).

Não temos espaço aqui para relatar na íntegra a narrativa arrepiante de como a perda da Revolução Bolchevique sob o comando de Stalin traduziu-se em um dos ataques mais devastadores à cultura artística já presenciado na história moderna – um ataque conduzido em nome de uma teoria e prática de libertação social.[2] Teremos de nos contentar com um breve relato. O partido bolchevique detinha pouco controle da

---

[2] Pode-se encontrar exposições úteis em Hayward; Labetz (orgs.), *Literature and Revolution in Soviet Russia 1917-62*; e Manguire, *Red Virgin Soil*: Soviet Literature in the 1920s.

cultura artística após a Revolução de 1917; até 1928, quando se iniciou o primeiro plano quinquenal, diversas organizações culturais relativamente independentes prosperaram, assim como várias editoras independentes. O relativo liberalismo cultural desse período, com sua mistura de movimentos artísticos (futurismo, formalismo, imagismo, construtivismo e assim por diante), refletia o relativo liberalismo da chamada Nova Política Econômica desses anos. Em 1925, a primeira declaração do partido sobre a literatura tomou uma postura razoavelmente neutra em meio a grupos opostos, recusando-se a se comprometer com uma única tendência e reivindicando controle apenas de um modo mais geral. Lunatcharski, o primeiro ministro da Cultura bolchevique, encorajou nessa época todas as formas de arte que não eram abertamente hostis à revolução, apesar da sua considerável simpatia pessoal pelos objetivos da Proletkult. Esta considerava a arte uma arma de classe e rejeitava completamente a cultura burguesa; reconhecendo que a cultura proletária era mais pobre que a burguesa, ela buscou desenvolver uma arte distintamente proletária que iria organizar as ideias e os sentimentos da classe trabalhadora em direção a objetivos coletivistas em vez de individualistas.

O dogmatismo da Proletkult continuou no fim da década de 1920 com a Associação Russa dos Escritores Proletários (conhecida pela sigla Rapp), cuja função histórica foi a de absorver outras organizações culturais, eliminar tendências liberais na cultura (notavelmente Trotski) e preparar o caminho para o "realismo socialista". Até a Rapp, no entanto, era crítica, complacente e "individualista" demais para a ortodoxia stalinista; além disso, ela havia alienado simpatizantes (não membros) do partido em uma época em que isso era contrário às políticas de Stalin. Este, passando de um "proletarismo" afirmativo para uma ideologia "nacionalista" e alianças com elementos "progressistas", não confiava no fervor proletário da Rapp; desse modo, em 1932 ela foi dissolvida e substituída pelo Sindicato dos Escritores Soviéticos, um órgão sob o poder direto de Stalin, cuja afiliação era obrigatória para ser publicado. Seguiu-se, ao longo da década de 1940 e o início dos anos 1950, uma série de decretos literários incapacitantes; a própria literatura afundou-se num nadir de falso otimismo e enredos uniformes. Maiakovski havia cometido suicídio em 1930; nove anos mais tarde, Vsevolod Meyerhold, o produtor de teatro experimental cuja obra pioneira influenciou Brecht e foi denunciada como decadente, declarou publicamente que "essa coisa estéril e lastimável chamada realismo socialista não tem nada a ver com a arte". Ele foi preso no dia seguinte e morreu pouco depois; sua esposa foi assassinada.

Lenin, Trotski e o engajamento

Ao promulgar a doutrina do realismo socialista no Congresso de 1934, Jdanov havia apelado ritualmente para a autoridade de Lenin; mas esse apelo era na verdade uma deturpação das concepções literárias de Lenin. Em *Partiinaia Organizatsiia i Partiinaia Literatura* [A organização do partido e a literatura do partido] [1905], Lenin censurou Plekhanov por criticar aquilo que ele considerava a natureza abertamente propagandista de obras como *A mãe,* de Gorki. Lenin, em contraste, pedia uma literatura claramente partidária: "A literatura deve se transformar em uma peça na engrenagem de uma única e grande máquina social-democrata". A neutralidade, ele argumenta, é impossível: "a liberdade do escritor burguês é apenas uma dependência disfarçada ao saco de dinheiro! [...] Abaixo os escritores não partidários!" Seria preciso uma "literatura extensa, multiforme e variada, diretamente vinculada ao movimento da classe trabalhadora".

As observações de Lenin, interpretadas por críticos antagônicos como se fossem válidas para a literatura imaginativa como um todo,[3] tinham como alvo a literatura do *partido*. Escrevendo em uma época em que o partido bolchevique estava se tornando uma organização de massa e precisava de uma rígida disciplina interna, Lenin tinha em mente não os romances, mas a escrita teórica do partido; ele tinha em mente homens como Trotski, Plekhanov e Parvus, e a necessidade de os intelectuais aderirem à linha do partido. Seus interesses literários pessoais eram um tanto conservadores, limitando-se de modo geral a uma admiração pelo realismo; ele admitia não entender

---

[3] Por exemplo, George Steiner em Marxism and Literature. In: *Language and Silence*.

os experimentos futuristas ou expressionistas, embora considerasse o cinema potencialmente como a forma artística de maior importância política. Nas questões culturais, porém, ele geralmente tinha uma mente aberta. Em seu discurso no Congresso dos Escritores Proletários de 1920, ele se opôs ao dogmatismo abstrato da arte proletária, rejeitando como irrealistas todas as tentativas de decretar a existência de uma nova espécie de cultura. A cultura proletária poderia ser construída apenas em meio ao conhecimento da cultura anterior: toda a valiosa cultura deixada pelo capitalismo, ele insistia, deve ser cuidadosamente preservada. "Não há dúvida", ele escreveu em *Concerning Art and Literature* [Sobre arte e literatura], "que a atividade literária é a menos capaz de tolerar o igualitarismo mecânico, uma dominação da minoria pela maioria. Não há duvida de que nessa esfera a garantia de um vasto campo de ação para o pensamento e a imaginação, para a forma e o conteúdo, seja absolutamente essencial".[4] Ao escrever a Gorki, Lenin argumentou que o artista pode colher muitas coisas de

---

[4] Lenin apud Arvon, *Marxist Aesthetics*.

valor de todos os tipos de filosofia; a filosofia pode contradizer a verdade artística que ele comunica, mas o relevante é o que o artista cria, não o que ele pensa. Os artigos de Lenin sobre Tolstoi mostram essa convicção na prática. Como porta-voz dos interesses camponeses pequeno-burgueses, Tolstoi inevitavelmente possui uma compreensão incorreta da história, já que não consegue reconhecer que o futuro pertence ao proletariado; mas essa compreensão não é essencial para que ele produza grande arte. O ímpeto realista e os retratos verídicos presentes em sua ficção transcendem a ingênua ideologia utópica que a enquadra, revelando uma contradição entre a arte de Tolstoi e seu moralismo cristão reacionário. É, como veremos, uma contradição de relevância crucial para a atitude da crítica marxista em relação à questão do partidarismo literário.

O segundo maior arquiteto da Revolução Russa, Leon Trotski, está do lado de Lenin – e não da Proletkult e da Rapp – em questões estéticas, embora Bukharin e Lunatcharski tenham se utilizado dos trabalhos de Lenin para atacar as concepções culturais de Trotski. Em *Literatura e revolução*, escrito em um período em que a maioria dos intelectuais russos era hostil à revolução e precisava ser conquistada, Trotski combina de modo hábil uma receptividade imaginativa às correntes mais férteis da arte pós-revolucionária não marxista com uma crítica incisiva aos seus pontos cegos e limitações.[5] Opondo-se ao ingênuo repúdio dos futuristas à tradição ("Nós marxistas sempre vivemos na tradição"), ele insiste, assim como Lenin, na necessidade de a cultura socialista absorver os melhores produtos da arte burguesa. Não compete ao partido comandar a esfera cultural; mas isso não significa tolerar, de forma eclética, obras contrarrevolucionárias. Deve-se unir uma atenta censura revolucionária com uma "política abrangente e flexível nas artes". A arte socialista deve ser "realista", mas não em um sentido estreitamente genérico, já que o realismo em si não é nem revolucionário nem reacionário por natureza; ele é, em vez disso, uma "filosofia da vida" que não deve ser limitada às técnicas de uma escola específica. "É absurda

---

[5] Para encontrar uma discussão mais geral das atitudes e atividades culturais de Trotski, ver Deutscher, *The Prophet Unarmed*, capítulo 3.

a crença de que obrigamos os poetas, quer queiram quer não, a escrever apenas sobre chaminés de fábricas ou uma revolta contra o capitalismo." Trotski, como pudemos ver, reconhece que a forma artística é produto do "conteúdo" social, mas ao mesmo tempo lhe atribui um alto grau de autonomia: "Uma obra de arte deve ser julgada, em primeiro lugar, conforme suas próprias leis". Assim, ele reconhece o que há de valor na complexa análise técnica dos formalistas, ao mesmo tempo que os repreende por causa do seu desprezo estéril pelo conteúdo e pelas condições sociais da forma literária. Com sua fusão de um marxismo íntegro (porém flexível) e uma crítica prática perspicaz, *Literatura e revolução* é um texto inquietante para os críticos não marxistas. Não surpreende que F. R. Leavis tenha se referido a Trotski como "este marxista perigosamente inteligente".[6]

Marx, Engels e o engajamento

A doutrina do realismo socialista afirmava, naturalmente, ser descendente de Marx e

---

[6] Leavis, Under Which King, Bezonian?, *Scrutiny*.

Engels; mas seus verdadeiros precursores eram mais precisamente os críticos "democrático-revolucionários" russos do século XIX, Belinski, Tchernichevski e Dobroliubov.[7] Esses homens viam a literatura como análise e crítica social, e o artista como "esclarecedor" social; a literatura deveria desprezar as técnicas estéticas elaboradas e se tornar um instrumento de desenvolvimento social. A arte refletia a realidade social e deveria retratar seus traços típicos. A influência desses críticos pode ser sentida na obra de Georgi Plekhanov ("o Belinski marxista", como Trotski lhe chamou).[8] No que diz respeito à arte, Plekhanov censurou Tchernichevski por causa de suas demandas propagandistas, recusou-se a colocá-la a serviço da política do partido, e fazia uma distinção rigorosa entre sua função social e seu impacto estético; mas ele defendia que a única arte de valor era aquela que servia a história em vez do prazer imediato. Assim como os críticos democrático-revolucionários, ele acreditava que a literatura "reflete"

---

[7] Cf. o ensaio de Lukács sobre eles em *Studies in European Realism*; e Bowman, *Vissarion Belinsky*.

[8] Cf. Plekhanov, *Letters Without Address and Art and Social Life*.

a realidade. Para Plekhanov, era possível "traduzir" a linguagem da literatura para a da sociologia – encontrar o "equivalente social" de fatos literários. O escritor traduz os fatos sociais para fatos literários, e a tarefa do crítico é a de convertê-los de volta à realidade. Segundo o mesmo autor, assim como para Belinski e Lukács, o escritor reflete a realidade de forma mais significativa ao criar "tipos"; ele expressa uma "individualidade histórica" em seus personagens, em vez de retratar apenas a psicologia individual.

Assim, é por meio da tradição de Belinski e Plekhanov que a ideia de literatura como tipificadora e como espelho da sociedade entra na formulação do realismo socialista. A "tipicidade", como já vimos, é um conceito compartilhado por Marx e Engels; no entanto, em seus próprios comentários literários, o conceito é raramente ou mesmo nunca acompanhado pela insistência de que as obras literárias devem ser politicamente prescritivas. Os autores favoritos de Marx eram Ésquilo, Shakespeare e Goethe, nenhum deles propriamente revolucionário; e em um de seus primeiros artigos sobre a liberdade de imprensa no *Rheinische Zeitung* [*Gazeta Renana*], ele ataca as concepções utilitárias de literatura que a consideram um instrumento para alcançar um determinado fim.

> Um escritor *não* considera suas obras um meio para alcançar um fim. Elas são um fim em si mesmo; elas são tão pouco "instrumentais" para ele e para os outros que, se necessário, ele sacrificaria sua própria existência pela existência delas [...] A primeira liberdade da imprensa é esta: ela não é um ofício.

É necessário esclarecer dois pontos aqui. Em primeiro lugar, Marx está falando dos usos comerciais da literatura, não dos políticos; em segundo lugar, a afirmação de que a imprensa não é um ofício faz parte do idealismo juvenil de Marx, já que ele claramente sabia (e disse) que na verdade ela era. Mas a ideia de que a arte é em algum sentido um fim em si mesmo aparece mesmo em sua obra madura: está lá em *Teorias da mais-valia* [1905-1910], onde suas observações de que "Milton produziu *Paraíso perdido* pelo mesmo motivo que um bicho da seda produz seda. Era uma atividade da sua natureza". (Em seu rascunho de *A guerra civil na França* [1871], Marx compara o fato de Milton ter vendido seu poema por cinco libras com a atividade dos oficiais da Comuna de

Paris, que exerciam cargos públicos sem grande retorno financeiro.)

Marx e Engels não equiparavam, de forma grosseira, a qualidade estética com o politicamente correto, embora as predileções políticas naturalmente fizessem parte dos juízos de valor de Marx. Ele apreciava escritores realistas, satíricos e radicais, e (excluindo as baladas populares produzidas pelo movimento) era hostil ao romantismo, que ele considerava uma mistificação poética da dura realidade política. Ele detestava Chateaubriand e via a poesia romântica alemã como um véu sagrado que escondia a sórdida prosa da vida burguesa, similar ao modo como as relações feudais da Alemanha a escondiam.

A atitude de Marx e Engels em relação à questão do engajamento, no entanto, é mais bem demonstrada em duas famosas cartas escritas por Engels a romancistas que haviam lhe enviado seus trabalhos. Em uma carta de 1885 a Minna Kautsky, que tinha enviado a Engels um livro inepto e embotado, seu romance mais recente, Engels escreve que ele não é de forma alguma contrário à ficção com uma "tendência" política, mas que é errado que um autor seja partidário de modo tão aberto. A tendência política deve surgir de maneira discreta a partir das situações dramatizadas; apenas de forma indireta pode a ficção revolucionária influenciar a consciência burguesa dos leitores.

> Um romance baseado no socialismo realiza seu propósito [...] se, descrevendo com diligência as relações mútuas reais, desfazendo as ilusões convencionais sobre elas, ele quebra o otimismo do mundo burguês, induz dúvidas quanto ao caráter eterno desse mundo, embora o autor não ofereça qualquer solução definida ou tome partido abertamente.

Em uma segunda carta de 1888 a Margaret Harkness, Engels critica sua história proletária das ruas de Londres (*A City Girl* [Uma garota urbana]) por retratar as massas de East End de forma demasiadamente inerte. Sobre o subtítulo do romance – "A Realistic Story" [Uma história realística] –, ele comenta: "Em minha mente, o realismo implica, além da verdade dos detalhes, a reprodução verídica de personagens típicos em circunstâncias típicas". Harkness negligencia a verdadeira tipicidade porque não integra, em seu retrato da classe trabalhadora, qualquer noção do seu papel histórico e do seu possível desenvolvimento: nesse sentido, ela produziu uma obra "naturalista" e não "realista".

Juntas, as duas cartas de Engels sugerem que um engajamento político manifesto é desnecessário (não, é óbvio, inaceitável) na ficção, pois a escrita verdadeiramente realista dramatiza as forças significativas da vida social, indo além tanto do que pode ser observado fotograficamente quanto da retórica imposta de uma "solução política". Esse é o conceito do assim chamado "partidarismo objetivo", que a crítica marxista viria a desenvolver mais tarde. O autor não precisa impingir suas opiniões políticas à obra porque, se revelar as forças reais e potenciais em operação, ele já está sendo partidário. O partidarismo é, em outras palavras, inerente à própria realidade; ele surge de um método de tratar a realidade social em vez de uma atitude subjetiva em relação a ela. (Sob o stalinismo, esse "partidarismo objetivo" foi denunciado como "objetivismo" puro e substituído por um partidarismo puramente subjetivo.)

Essa é uma posição característica da crítica literária de Marx e Engels. Independentemente um do outro, ambos criticaram o drama em verso *Franz Von Sickingen* de Lassalle pela falta de um realismo shakespeariano que evitaria que seus personagens fossem meros porta-vozes da história; e eles também acusaram Lassalle de ter selecionado um protagonista atípico para seus propósitos. Em *A sagrada família* [1845], Marx dirige uma crítica similar ao *best-seller Les mystères de Paris* [Os mistérios de Paris], de Eugène Sue, cujos personagens superficiais ele considera insuficientemente representativos.

O ataque devastador de Marx contra o melodrama moralista de Sue também revela outro aspecto crucial das suas convicções estéticas. Marx considera o romance auto-contraditório, no sentido de que mostra algo diferente daquilo que diz. O herói, por exemplo, tem o propósito de ser moralmente admirável, mas surge de modo involuntário como um imoralista hipócrita. A obra é enclausurada pela ideologia burguesa francesa que fez com que ela vendesse tão bem; mas, ao mesmo tempo, ela é às vezes capaz de superar seus limites ideológicos e "dar um tapa na cara do preconceito burguês". A distinção entre as dimensões "consciente" e "inconsciente" na ficção de Sue (aqui Marx chega a antecipar Freud ao detectar no livro um complexo de castração oculto) é essencialmente uma distinção entre a "mensagem" social explícita do livro e o que, apesar dela, ele revela; e é essa distinção que permite que Marx e Engels admirem um autor conscientemente reacionário como Balzac. Apesar dos seus preconceitos católicos e legitimistas, Balzac possui uma consciência profundamente imaginativa dos movimentos marcantes da sua própria história; seus romances acabam por forçá--lo, em virtude do poder das suas próprias percepções artísticas, a assumir simpatias contrárias a suas opiniões políticas. Ele possui, como Marx observa em *O capital*, "uma compreensão profunda da situação real"; e Engels comenta em sua carta a Margaret Harkness que "sua sátira nunca é tão afiada, sua ironia nunca é tão amarga, do que quando põe em cena os homens e as mulheres com quem simpatiza mais profundamente – os nobres". Ele é legitimista na aparência, mas revela nas profundezas da sua ficção uma admiração patente pelos seus antagonistas políticos mais ardentes, os republicanos. É essa distinção entre a intenção subjetiva e o significado objetivo da obra, esse "princípio da contradição", que encontramos ecoado no trabalho de Lenin sobre Tolstoi e na crítica de Lukács sobre Walter Scott.[9]

A teoria reflexionista

A questão do partidarismo na literatura está ligada até certo ponto ao problema de como as obras de literatura se relacionam com o mundo real. Um dos preceitos do realismo socialista, segundo o qual a literatura deve ensinar determinadas atitudes políticas, pressupõe que a literatura realmente "reflete" ou "reproduz" a realidade social de uma maneira razoavelmente direta (ou pelo menos deveria fazê-lo). Marx, de modo curioso, não utiliza a metáfora do "reflexo" em relação a obras literárias,[10] embora diga em *A sagrada família* que, em certos aspectos, o romance de Eugène Sue não é fiel à vida de sua época; e Engels, por sua vez, foi capaz de encontrar em Homero ilustrações diretas dos sistemas de parentesco na Grécia

---

[9] Lenin realmente não havia lido os comentários de Engels sobre Balzac quando escreveu os artigos sobre Tolstoi.

[10] Fico grato, por esse e outros pontos, ao professor S. S. Prawer da Oxford University.

primitiva.[11] Não obstante, o "reflexionismo" tem sido uma tendência arraigada na crítica marxista, como modo de combater as teorias formalistas da literatura que trancam a obra literária em seu próprio espaço lacrado, isolado da história.

Em suas formulações mais grosseiras, a ideia de que a literatura "reflete" a realidade é claramente inadequada. Ela sugere uma relação passiva e mecanicista entre literatura e sociedade, como se a obra, como um espelho ou uma chapa fotográfica, apenas registrasse o que estivesse acontecendo "lá fora". Lenin fala de Tolstoi como um "espelho" da Revolução Russa de 1905; mas se a obra de Tolstoi realmente for um espelho, ela é – como Pierre Macherey argumenta – um espelho torto em relação à realidade, um espelho *quebrado* que apresenta suas imagens de forma fragmentada, expressando tanto conteúdo com aquilo que *não* reflete quanto com o que reflete. "Se a arte reflete a vida", observa Bertolt Brecht em *Kleines Organon für das Theater* [Pequeno órganon para o teatro] [1948], "ela o faz com espelhos especiais". E

---

[11] Cf. Engels, *A origem da família, da propriedade privada e do Estado* [1884].

se formos falar de espelhos "seletivos" com determinados pontos cegos e refrações, a metáfora parece já ter esgotado sua utilidade limitada e, assim, seria melhor descartá-la em favor de algo mais útil.

Não é simples, no entanto, saber do que consiste esse "algo". Embora os usos mais grosseiros da metáfora do "reflexo" sejam estéreis teoricamente, as versões mais sofisticadas também não são inteiramente adequadas. Em seus ensaios das décadas de 1930 e 1940, Georg Lukács adota a teoria epistemológica do reflexo de Lenin: toda percepção do mundo exterior é apenas um reflexo dele na consciência humana.[12] Em outras palavras, ele aceita de maneira indiscriminada a curiosa noção de que os conceitos são "imagens" da realidade externa na cabeça de uma pessoa. Mas o verdadeiro conhecimento, para Lenin e Lukács, não é constituído pelas impressões iniciais dos sentidos: ele é, como afirma Lukács, "uma reflexão mais profunda e abrangente da realidade objetiva do que é colocado à disposição pelas aparências". Em outras

---

[12] Cf. Lukács, *Writer and Critic*. A teoria de Lenin pode ser encontrada em *Materialismo e empirocriticismo* [1909].

MARXISMO E CRÍTICA LITERÁRIA

palavras, o conhecimento é uma percepção das categorias subjacentes a essas aparências – categorias que podem ser descobertas pela teoria científica ou (para Lukács) pela grande arte. Essa é claramente a forma mais respeitável da teoria reflexionista, mas podemos questionar se ela deixa algum espaço para o "reflexo". Se a mente é capaz de penetrar nas categorias que se encontram sob a experiência imediata, podemos concluir que a consciência é claramente uma *atividade* – uma *prática* que atua sobre a experiência para transformá-la em verdade. Não fica claro como o "reflexo" se encaixa aqui. Lukács, na verdade, pretende preservar a ideia de que a consciência é uma força ativa: em sua obra tardia sobre a estética marxista, ele vê a consciência como uma intervenção criativa no mundo e não como seu mero reflexo.

Leon Trotski afirmou que a criação artística é "uma deflexão, uma alteração e uma transformação da realidade, de acordo com as leis peculiares à arte". Essa excelente formulação, adquirida em parte da teoria formalista russa de que a arte envolve um "estranhamento" da experiência, modifica qualquer noção simplista da arte como reflexo. A posição de Trotski foi desenvolvida mais tarde por Pierre Macherey. Para este último, o efeito da literatura é essencialmente o de *deformar* e não o de imitar. Se a imagem corresponde inteiramente à realidade (como em um espelho), ela se torna idêntica à realidade e deixa de ser uma imagem. O estilo de arte barroco, que pressupõe que quanto mais nos distanciamos do objeto mais nós o imitamos de verdade, é para Macherey um modelo de toda atividade artística; a literatura é essencialmente paródica.

A literatura, assim, pode-se dizer, não se relaciona com seu objeto de forma reflexiva, simétrica e biunívoca. O objetivo é deformado, refratado, dissolvido – reproduzido não tanto no sentido de um espelho que reproduz seu objeto, mas, talvez, da forma que uma apresentação teatral *reproduz* o texto dramático, ou – arriscando aqui um exemplo mais ousado – da maneira que um carro reproduz os materiais com os quais ele é fabricado. Uma apresentação teatral é claramente mais do que um "reflexo" do texto dramático; pelo contrário (e especialmente no teatro de Bertolt Brecht), ela é a transformação do texto em um produto singular, que envolve sua reelaboração de acordo com as exigências e condições específicas da apresentação teatral. Da mesma forma, seria absurdo falar que um carro "reflete" os materiais usados em sua fabricação. Não existe uma continuidade biunívoca entre esses materiais e o produto final, porque aquilo que interveio entre eles foi um *trabalho* transformador. A analogia é, naturalmente, inexata, pois o que caracteriza a arte é o fato de que, ao transformar seus materiais em um produto, ela os revela e os distancia, o que obviamente não é o caso da fabricação de automóveis. Mas a comparação, mesmo que parcial, pode ser válida como corretivo para a tese de que a arte reproduz a realidade como um espelho que reflete o mundo.

Essa questão, relativa ao grau em que a literatura é mais que um mero reflexo da realidade, nos traz de volta à questão do partidarismo. Em *Wider den Missverstandenen Realismus* [Contra o realismo mal-compreendido] [1958], Lukács argumenta que os escritores modernos devem fazer mais do que simplesmente refletir o desespero e a insatisfação da sociedade burguesa tardia; eles devem tentar adotar uma perspectiva crítica dessa futilidade, revelando possibilidades positivas além dela. Para isso, eles devem fazer mais do que apenas refletir a sociedade, pois se o fizerem, introduzirão em sua arte as mesmas distorções que caracterizam a consciência burguesa moderna. O reflexo de uma distorção torna-se um reflexo distorcido. Porém, ao exigir que os autores avancem além da "decadência" de Joyce e Beckett, Lukács não pede que o façam até alcançar o realismo socialista. É suficiente que cheguem ao que a crítica soviética chama de "realismo crítico", que se refere àquela concepção positiva, crítica e completa da sociedade característica da grande ficção do século XIX simbolizada – para Lukács – por Thomas Mann. Isso, afirma Lukács, é inferior ao realismo socialista, mas é pelo menos um passo em direção a ele. Assim, Lukács essencialmente urge a era moderna para que avance para o século XIX. Precisamos retornar à grande tradição do realismo crítico; necessitamos de escritores que, mesmo que não estejam engajados no socialismo, pelo menos "levem o (socialismo) em conta e não o rejeitem imediatamente".

Lukács foi atacado em duas frentes principais por adotar essa posição. Como veremos no próximo capítulo, ele foi criticado de forma convincente por Bertolt Brecht, que alega que ele transforma o realismo do século XIX em um fetiche e é censuravelmente cego à melhor arte modernista; mas ele também foi censurado por seus camaradas do Partido Comunista pela sua atitude notavelmente desinteressada pelo realismo socialista.[13] Apesar de alguns acenos superficiais à teoria do realismo socialista, Lukács é na prática tão crítico da maioria dos seus deploráveis produtos quanto da "decadência" formalista. Contra ambos ele postula a grande tradição humanista do realismo burguês. Não há necessidade de concordar com a defesa do realismo socialista feita pelo Partido Comunista para apoiar sua crítica da debilidade da posição de Lukács – uma debilidade presente em seu inepto apelo para que os escritores "pelo menos levassem o socialismo em conta". O contraste proposto por Lukács entre o realismo crítico e a decadência formalista tem suas raízes no período da Guerra Fria, quando era fundamental ao mundo stalinista forjar alianças

---

[13] Cf. Cultural Theory Panel attached to the Central Committee of the Hungarian Socialist Workers Party [Grupo de Teoria Cultural vinculado ao Comitê Central do Partido dos Trabalhadores Socialistas Húngaros], Socialist Realism. In: Baxandall (org.), *Radical Perspectives in the Arts*.

com os intelectuais progressistas burgueses pacifistas e, portanto, minimizar a importância do engajamento revolucionário. Suas posições políticas nesse período giram em torno de um contraste simplista entre "paz" e "guerra" – entre os escritores "progressistas" positivos que rejeitam a *angústia* e os reacionários decadentes que a abraçam. Da mesma forma, os elogios embaraçosos de Lukács a autores antifascistas de terceira categoria em *The Historical Novel* [O romance histórico] refletem a política do período da Frente Popular, com sua oposição democrática (em vez de socialista revolucionária) ao poder crescente do fascismo. Lukács, como observa George Lichtheim,[14] pertence essencialmente à grande tradição clássico-humanista alemã e considera o marxismo um prolongamento dela; o marxismo e o humanismo burguês formam assim uma frente esclarecida comum, contra a tradição irracionalista que culmina no fascismo na Alemanha.

---

[14] Cf. Lichtheim, *Lukács*.

Engajamento literário e o marxismo inglês

A questão da literatura "engajada" foi discutida de forma bem menos sutil pela crítica marxista inglesa. Na década de 1930, essa era uma questão que perpassava as preocupações dos marxistas ingleses, mas que permaneceu sem solução por causa de uma confusão teórica específica. Essa confusão, observada pela primeira vez por Raymond Williams,[15] está no fato de grande parte desse críticos aparentemente adotar, ao mesmo tempo, uma concepção mecanicista da arte como "reflexo" passivo da base econômica e uma crença romântica na arte, que projeta um mundo ideal e instiga novos valores nos homens. Essa contradição é marcada de modo explícito na obra de Christopher Caudwell, para quem a poesia é funcional, no sentido de que ela adapta os instintos fixos dos homens a fins socialmente necessários por meio da alteração dos seus sentimentos. As canções que acompanham as colheitas são um exemplo ingênuo:

---

[15] Em Williams, Marxism and Culture. In: *Culture and Society 1780-1950*, parte 3, capítulo 5.

"os instintos devem ser subordinados às necessidades da colheita por um mecanismo social", que é a arte.[16] Não é difícil enxergar a proximidade dessa concepção grosseiramente funcionalista da arte ao jdanovismo: se a poesia pode ajudar na colheita, ela também pode acelerar a produção de aço. Mas Caudwell une essa concepção com uma forma de idealismo romântico mais próxima de Shelley do que de Stalin: "A arte é como uma lanterna mágica que projeta nosso eu real no Universo e nos promete que podemos, como nós desejamos, alterar o Universo de acordo com as nossas necessidades..." A transição de "instinto" para "desejo" é interessante; a arte agora ajuda o homem a adaptar a natureza a si mesmo, em vez de adaptar o homem à natureza. Em certos aspectos, essa mistura de ideias pragmáticas e românticas sobre a arte se assemelha ao "romantismo revolucionário" russo – uma imagem ideal do que pode ser, adicionada a uma descrição fiel do que é, para incitar o homem a realizações mais altas. Mas a confusão é ampliada, para escritores como Caudwell, pela forte influência

---

[16] Cf. Caudwell, *Illusion and Reality*.

do romantismo inglês, que enxerga a arte como a encarnação de um mundo de valores ideais. O autor "reconcilia" as duas posições no capítulo final de *Illusion and Reality* [Ilusão e realidade] ao falar da poesia como um "sonho" do futuro que é então um "guia e um incentivo à ação". Ele urge poetas simpatizantes como Auden e Spender para que abandonem sua tradição burguesa e se comprometam com a cultura do proletariado revolucionário; mas a noção de que a poesia projeta um "sonho" de possibilidades ideais faz, ironicamente, parte dessa tradição. Caudwell acaba sendo incapaz de escapar dessa contradição – incapaz de descobrir uma teoria mais dialética sobre a relação da arte com a realidade do que a arte, por um lado, como uma canalização eficiente das energias sociais e, por outro, como um sonho utópico.

Outros críticos marxistas ingleses das décadas de 1930 e 1940 foram igualmente malsucedidos em definir essa relação. A obra de Caudwell influenciou um dos mais valiosos trabalhos marxistas do período, *Aeschylus and Athens* [Ésquilo e Atenas] [1941], de George Thomson; mas o estudo pioneiro de Thomson sobre como o drama grego incorpora formas econômicas e políticas em transformação na sociedade grega impressiona mais do que a tese caudwelliana de que o papel do artista é reunir um estoque de energia social, criando a partir dele uma fantasia libertadora que faz com que os homens se recusem a aceitar o mundo como ele é. *Crisis and Criticism* [Crise e crítica] [1937], de Alick West, também enxerga a arte como uma maneira de organizar a "energia social". O valor da literatura é que ela encarna as forças produtivas da sociedade; o escritor não aceita o mundo como fato consumado, mas o recria, revelando sua verdadeira natureza de produto construído. Ao comunicar essa noção de energia produtiva aos leitores, o escritor desperta neles energias similares, em vez de simplesmente satisfazer seu apetite consumidor. Todo esse argumento, embora imaginativo, é marcadamente nebuloso; e a imprecisão do termo não marxista "energia" não ajuda em nada.[17]

---

[17] O argumento de West é curiosamente similar ao de Jean-Paul Sartre em *Qu'est-ce que la littérature?* [O que é a literatura?] [1947]. Sartre argumenta que o leitor reage ao caráter *criado* da escrita, e assim à liberdade do escritor; de modo inverso, o escritor invoca a liberdade do leitor para colaborar na produção da sua obra. O ato de escrever tem como objetivo uma renovação total do mundo; o objetivo da arte é "recuperar"

A notória indagação que uma parte da crítica marxista tem dirigido às obras literárias para avaliar seu valor – sua tendência política é correta, ela promove a causa do proletariado? – acarreta a protelação de outras indagações a respeito da obra como objeto "meramente" estético. Um exemplo dessa dicotomia entre o "ideológico" e o "estético" ocorre em *The Historical Novel,* de Lukács. "Não importa", declara Lukács, "se Scott ou Manzoni foram superiores esteticamente a, digamos, Heinrich Mann, ou pelo menos este não é o ponto principal. O importante é que Scott e Manzoni, Púchkin e Tolstoi, foram capazes de compreender e retratar a vida popular de um modo mais profundo, autêntico e historicamente concreto até mesmo do que os mais destacados escritores da nossa época..." Mas o que significa "esteticamente superior" senão coisas como "mais profundo, autêntico e historicamente concreto"? (Deixo de lado aqui a notável ambiguidade desses

---

um mundo inerte ao dá-lo como ele é, mas como se ele tivesse sua origem na liberdade humana. Também são relevantes as observações de Sartre sobre o "engajamento" na escrita, embora tenham uma tendência individualista e existencialista similar. Cf. também Caute, D. On Commitment. In: *The Illusion*. Londres, 1971.

termos.) Lukács, da mesma forma que diversos críticos marxistas, está se rendendo de maneira inconsciente a uma noção *burguesa* de "estética" – a estética como uma simples questão secundária de estilo e técnica.

Sugerir que a pergunta – "A obra é politicamente progressista?" – não serviria como base para uma crítica marxista não significa rejeitar tal literatura partidária como marginal. Os futuristas e os construtivistas soviéticos que saíram para as fábricas e fazendas coletivas lançando jornais de parede, inspecionando salas de leitura, introduzindo sessões de rádio e de cinema ambulante, fazendo reportagens para os jornais de Moscou; os experimentalistas teatrais como Meyerhold, Erwin Piscator e Bertolt Brecht; as centenas de grupos de "agit-prop" que viam o teatro como uma intervenção direta na luta de classes: as realizações duradouras desses homens são uma rejeição viva da presunçosa pressuposição da crítica burguesa de que a arte é uma coisa e a propaganda é outra. Além disso, é verdade que toda a grande arte é "progressista", no sentido restrito de que qualquer arte isolada dos movimentos marcantes da sua época, separada em algum sentido daquilo que é

Marxismo e crítica literária

historicamente central, relega-se a um *status* inferior. O que precisa ser acrescentado é o "princípio da contradição" de Marx e Engels: que as opiniões políticas de um autor podem ser contrárias àquilo que sua obra revela objetivamente. Deve-se acrescentar ainda que a questão do quão "progressista" a arte precisa ser para ser válida é uma questão *histórica*, que não pode ser resolvida de maneira dogmática para o todo o sempre. Há períodos e sociedades em que o engajamento político "progressista" consciente não precisa ser uma condição necessária para produzir grande arte; há outros períodos – o fascismo, por exemplo – em que sobreviver e produzir como artista implica todo tipo de questionamento, o que provavelmente resultaria em um engajamento explícito. Nessas sociedades, o partidarismo político consciente e a capacidade de produzir arte significativa andam de mãos dadas de modo espontâneo. Esses períodos, no entanto, não estão limitados ao fascismo. Há fases menos "extremas" da sociedade burguesa em que a arte se relega a um *status* inferior, tornando-se trivial e sem vigor, porque as ideologias estéreis de onde surgem não lhe oferecem qualquer alimento – são incapazes de estabelecer relações significativas ou oferecer discursos adequados. Assim, a necessidade por uma arte explicitamente revolucionária torna-se urgente de novo. Devemos ponderar com seriedade se vivemos ou não em uma época como essa.

Capítulo quatro

O autor como produtor

Arte como produção

Até agora tenho falado da literatura em termos de forma, política, ideologia, consciência. Mas tudo isso deixa passar em branco um simples fato que é óbvio para todos, sobretudo para um marxista. A literatura pode ser um artefato, um produto da consciência social, uma visão de mundo; mas ela é também uma *indústria*. Os livros não são apenas estruturas de significado – são também mercadorias produzidas pelas editoras e vendidas no mercado com lucro. O teatro não é apenas uma coleção de textos literários; é também um negócio capitalista que emprega certos homens (autores, diretores, atores, ajudantes de palco) para produzir uma mercadoria que será consumida por um público para obter lucro. Os críticos não são apenas analistas de textos; eles também são (geralmente) acadêmicos contratados pelo Estado para preparar os estudantes ideologicamente para exercer suas funções dentro da sociedade capitalista. Os escritores não são apenas transpositores de estruturas mentais transindividuais; eles também são trabalhadores contratados pelas editoras para produzir mercadorias para a venda. "Um escritor", Marx comenta em *Teorias da mais-valia*, "é um trabalhador não na medida em que produz ideias, mas na medida em que enriquece a editora, que trabalha por um salário".

É um lembrete salutar. A arte pode ser, como Engels observa, o produto social mais altamente "mediado" em sua relação com a base econômica, mas em outro sentido ela também faz parte da base econômica – uma espécie de prática econômica, um tipo de produção de mercadorias entre muitos outros. É fácil para os críticos, até mesmo os marxistas, se esquecerem desse fato, já que a literatura lida com a consciência humana e instiga – nós, estudiosos da Literatura – a nos darmos por satisfeitos dentro dessa esfera. Os críticos marxistas que discutirei neste capítulo são aqueles que compreenderam o fato de que a arte é uma forma de produção social – entenderam isso não como um fato *externo* que deve ser delegado ao sociólogo da literatura, mas como um fato que determina intimamente a natureza da própria arte. Para esses críticos – tenho em mente sobretudo Walter Benjamin e Bertolt Brecht –, a arte é, em primeiro lugar, uma prática social e não um objeto a ser dissecado academicamente. Podemos enxergar a literatura como um *texto*, mas também como uma atividade social, uma forma de produção social e econômica que existe ao lado de outras formas semelhantes e que se inter-relaciona com elas.

Walter Benjamin

Essa é, essencialmente, a abordagem adotada pelo crítico marxista alemão Walter Benjamin.[1] Em seu pioneiro ensaio "O autor

---

[1] Benjamin nasceu em Berlim em 1892, filho de uma rica família judaica. Quando estudante, participou ativamente de

como produtor" [1934], ele observa que a pergunta que a crítica marxista dirige tradicionalmente à obra literária é: Qual é a sua posição em relação às relações produtivas de sua época? Benjamin, porém, deseja propor uma pergunta alternativa: Qual é a posição da obra literária *dentro* das relações produtivas de sua época? Ele quer dizer que a arte, como qualquer outra forma de produção, depende de certas técnicas produtivas – certos modos de pintura, publicação, apresentação teatral e assim por diante. Essas técnicas fazem parte das *forças produtivas* da arte, o estágio de desenvolvimento da produção artística; e elas envolvem um conjunto de *relações sociais* entre o produtor artístico e seu público. Para o marxismo, como vimos anteriormente, o estágio de desenvolvimento de um modo de produção envolve determinadas

---

movimentos literários radicais e escreveu uma tese de doutorado sobre as origens da tragédia barroca alemã, publicada posteriormente como uma das suas obras mais importantes. Trabalhou como crítico, ensaísta e tradutor, em Berlim e Frankfurt, após a Primeira Guerra Mundial e foi apresentado ao marxismo por Ernst Bloch; também se tornou amigo íntimo de Bertolt Brecht. Fugiu para Paris em 1933 quando os nazistas chegaram ao poder e lá viveu até 1940, trabalhando em um estudo sobre Paris que veio a ser conhecido como *Passagens*. Após a queda da França ante os nazistas, foi alcançado quando tentava escapar para a Espanha e cometeu suicído.

relações sociais de produção; e o palco está armado para a revolução quando as forças produtivas e as relações de produção entram em contradição entre si. As relações sociais do feudalismo, por exemplo, tornam-se um obstáculo para o desenvolvimento das forças produtivas do capitalismo, sendo então rompidas por este; as relações sociais do capitalismo, por sua vez, impedem o desenvolvimento pleno e a distribuição adequada da riqueza da sociedade industrial. Serão, assim, destruídas pelo socialismo.

A originalidade do ensaio de Benjamin está na aplicação dessa teoria à própria arte. Para ele, o artista revolucionário não deve aceitar de modo indiscriminado as forças de produção artística existentes, mas sim desenvolver e revolucionar tais forças. Ao fazer isso, ele cria novas relações sociais entre o artista e o público; ele supera a contradição que limita as forças artísticas, potencialmente disponíveis a todos, à propriedade privada de poucos. Cinema, rádio, fotografia, gravações musicais: a tarefa do artista revolucionário é desenvolver essas novas mídias, assim como transformar os modos mais antigos de produção artística. Não se trata apenas de promover uma "mensagem" revolucionária por meio de mídias existentes; a questão aqui é revolucionar as próprias mídias. O jornal, por exemplo, é visto por Benjamin como uma mídia que dissolve as barreiras convencionais entre os gêneros literários, entre o escritor e o poeta, entre o acadêmico e o divulgador, até mesmo entre o autor e o leitor (já que o leitor de jornal está sempre pronto para se tornar um escritor). Os discos de gramofone, da mesma forma, substituíram a forma de produção conhecida como sala de concertos, tornando-a obsoleta; e o cinema e a fotografia estão alterando profundamente os modos tradicionais de percepção, as técnicas tradicionais e as relações de produção artística. O artista verdadeiramente revolucionário, portanto, nunca se ocupa apenas com o objeto artístico, mas com os meios da sua produção. O "engajamento" não se limita à apresentação de opiniões políticas corretas pela arte; ele se revela no grau em que o artista reconstrói as formas artísticas à sua disposição, transformando autores, leitores e espectadores em colaboradores.[2]

---

[2] "The Author as Producer" pode ser encontrado em *Understanding Brecht*, de Walter Benjamin. Cf. O marxista italiano Antonio Gramsci: "O modo de ser do novo intelectual não pode mais consistir na eloquência, que é uma instigadora

MARXISMO E CRÍTICA LITERÁRIA

Benjamin dedica-se a esse tema novamente em seu ensaio "A obra de arte na era de sua reprodutibilidade técnica" [1935].[3] As obras de arte tradicionais, ele sustenta, possuem uma "aura" de singularidade, privilégio, distância e permanência; mas a reprodução mecânica de uma pintura, por exemplo, ao substituir essa singularidade por uma pluralidade de cópias, destrói essa aura alienadora e permite que o observador se confronte com a obra em seu próprio tempo e local particular. Enquanto o retrato mantém sua distância, a câmera de filmagem é penetrante, aproximando o seu objeto tanto espacial quanto humanamente e, assim, o desmistifica. Até certo ponto, o filme faz com que todos se tornem especialistas – qualquer um pode tirar uma fotografia ou pelo menos dizer que já foi filmado; e assim ele subverte o ritual da "arte erudita". Enquanto a pintura tradicional permite uma contemplação tranquila, o filme modifica nossas percepções de modo contínuo, produzindo constantemente um efeito

---

externa e transitória de paixões e sentimentos, mas na participação ativa na vida prática, como construtor, organizador, 'persuasor permanente' e não apenas um simples orador". *Prison Notebooks*.

[3] Reeditado em Benjamin, *Illuminations*.

de "choque". O "choque" é, aliás, uma categoria central na estética de Benjamin. A vida urbana moderna é caracterizada pela colisão de sensações fragmentadas e descontínuas; mas, enquanto um crítico marxista "clássico" como Lukács veria esse fato como um indicador sombrio da fragmentação da "unidade" do homem sob o capitalismo, Benjamin tipicamente descobre nele possibilidades positivas, a base de formas artísticas progressistas. Assistir a um filme, andar em meio a uma multidão urbana, trabalhar com uma máquina: são todas experiências de "choque" que despem a "aura" dos objetos e das experiências; e o equivalente artístico dessas experiências é a técnica da "montagem". Para Benjamin, a montagem – a associação de aspectos díspares para despertar a consciência do público por meio do choque – torna-se um princípio fundamental da produção artística em uma era tecnológica.[4]

---

[4] Para ler mais sobre o efeito de "choque", ver *Charles Baudelaire: um lírico no auge do capitalismo*, de Benjamin. Consulte também o ensaio "Unpacking My Library", em *Illuminations*, onde ele reflete sobre sua própria paixão de colecionador. Para Benjamin, colecionar objetos, longe de ser uma maneira de ordená-los em uma sequência harmoniosa, é uma aceitação do caos do passado, da singularidade dos objetos colecionados, que ele se recusa a reduzir a categorias. Colecionar é

Bertolt Brecht e o teatro "épico"

Benjamin foi amigo íntimo e o primeiro defensor de Bertolt Brecht, e a parceria entre os dois homens constitui um dos capítulos mais interessantes na história da crítica marxista. O teatro experimental (teatro "épico") de Brecht foi para Benjamin um modelo de como modificar não só o conteúdo político da arte como também seu mecanismo de produção. O dramaturgo, como observou Benjamin, "teve êxito em alterar as relações funcionais entre o palco e o público, o texto e o produtor, o produtor e o ator". Desmantelando o teatro naturalista tradicional, com sua ilusão de realidade, Brecht produziu um novo tipo de drama baseado em uma crítica das pressuposições ideológicas do teatro burguês. No centro dessa crítica está o famoso "efeito de alienação" brechtiano. O teatro burguês, argumenta o dramaturgo, é baseado no "ilusionismo": ele parte do pressuposto que a apresentação teatral deve reproduzir o mundo diretamente. Seu objetivo é trazer o público, com o poder dessa

---

uma maneira de destruir a autoridade opressora do passado, resgatando fragmentos dele.

ilusão de realidade, a um estado de empatia com a apresentação, tomando-a como real e se sentindo fascinado por ela. O público em um teatro burguês é o consumidor passivo de um objeto artístico acabado e inalterável que lhe é apresentado como "real". A peça não o estimula a pensar de forma construtiva sobre *como* ela está apresentando seus personagens e acontecimentos, sobre como eles poderiam ter sido diferentes. Como a ilusão dramática é uma totalidade inteiriça que esconde o fato de ser *fabricada*, ela impede que o público faça uma reflexão crítica sobre o modo de representação e sobre as ações representadas.

Brecht reconhecia que essa estética refletia uma convicção ideológica de que o mundo era fixo, determinado e imutável, e de que a função do teatro era oferecer um entretenimento escapista para os homens aprisionados nessa suposição. Contra isso, ele postula a concepção de que a realidade é um processo descontínuo e mutável, produzido pelos homens e, portanto, passível de transformação.[5] A tarefa do teatro

---

[5] Deixo de lado a questão do grau em que Brecht, ao adotar esse ponto de vista, pode ser responsabilizado por uma revisão "humanista" do marxismo.

não é "refletir" uma realidade fixa, mas demonstrar como personagem e ação são produzidos historicamente e, portanto, poderiam ter sido (e ainda podem ser) diferentes. A própria peça se torna, assim, um modelo desse processo de produção; ela é mais uma *reflexão* do que um *reflexo* da realidade social. Em vez de se mostrar como uma totalidade inteiriça, que sugere que toda ação está inexoravelmente determinada desde o princípio, a peça se apresenta de forma descontínua, aberta e internamente contraditória, encorajando no público um "olhar complexo" atento a diversas possibilidades conflitantes a cada momento. Os atores, em vez de se "identificarem" com seus papéis, são instruídos a se distanciarem deles, para que fique claro que eles são atores em um teatro e não indivíduos na vida real. Eles "mostram" os personagens que interpretam (e mostram a si mesmos os mostrando), em vez de se "transformarem" neles; o ator brechtiano "cita" seu papel, comunicando uma reflexão crítica sobre ele no ato da representação. Ele emprega um conjunto de gestos que comunica as relações sociais do personagem, assim como as condições históricas que fazem com que ele se comporte dessa maneira; ao recitar suas falas, ele não finge ignorância do que vem a seguir, pois, segundo o aforismo de Brecht, "importante é o que importante se torna".

A peça, longe de constituir uma unidade orgânica que carrega o público hipnotizado do início ao fim, é desequilibrada, interrupta e descontínua, justapondo suas cenas de diversas maneiras que quebram as expectativas convencionais e forçam o público a especular criticamente sobre as relações dialéticas entre os episódios. A unidade orgânica é perturbada pelo uso de formas de arte diferentes – filme, projeção de fundo, música, coreografia – que recusam uma fusão uniforme com as outras, entrando bruscamente em cena em vez de se integrarem de maneira harmoniosa com ela. É dessa forma que o público é levado a uma consciência múltipla de diversos modos de representação conflitantes. O resultado desses "efeitos de alienação" é precisamente a "alienação" do público em relação à apresentação, para evitar que se identifiquem emocionalmente com a peça de um modo que paralise sua capacidade para o juízo crítico. O "efeito de alienação" revela experiências habituais sob uma luz não familiar, fazendo com que o público questione atitudes e comportamentos que consideram "naturais". É o reverso do teatro burguês, que "naturaliza" os acontecimentos mais alheios, processando-os para o consumo imperturbado do público. Na medida em que o público é compelido a julgar a apresentação e as ações que ela personifica, ele se torna um colaborador especialista em uma prática aberta, em vez de consumidor de um objeto acabado. O texto da peça é sempre provisório: Brecht costumava reescrevê-lo com base nas reações do público e encorajava as pessoas a participarem dessa reescrita. A peça é, assim, um experimento que testa suas próprias pressuposições de acordo com as reações às apresentações; ela é incompleta em si mesma, tornando-se completa apenas quando o público a recebe. O teatro deixa de ser um criadouro de fantasias e passa a se assemelhar a uma combinação de laboratório, circo, casa de espetáculos, arena esportiva e sala de discussões pública. É um teatro "científico" adequado a uma era científica, mas Brecht sempre enfatizou a necessidade de o público se divertir e reagir com "sensualidade e humor". (Ele gostava que fumassem, por exemplo, pois isso sugeria um certo relaxamento meditativo.) O público deve "pensar além da ação", recusando-se a aceitá-la de maneira indiscriminada, mas isso não significa descartar as reações *emocionais*: "Pensamos os sentimentos e sentimos pensativamente".[6]

Forma e produção

O teatro "épico" de Brecht exemplifica, assim, a teoria de Benjamin que concebe a arte revolucionária como transformadora dos modos – e não só do conteúdo – da produção artística. A teoria não é, na verdade, toda de Benjamin: ela foi influenciada pelos futuristas e construtivistas russos, assim como suas ideias sobre as mídias o foram pelos dadaístas e pelos surrealistas. Trata-se, mesmo assim, de um desenvolvimento

---

[6] Cf. *Brecht on Theatre:* The Development of an Aesthetic, traduzido e organizado para o inglês por John Willett, para encontrar uma coletânea de alguns dos trabalhos estéticos mais importantes de Brecht. Cf. também Brecht, *Messingkauf Dialogues*; Benjamin, *Understanding Brecht*; Suvin, The Mirror and the Dynamo. In: Baxandall, *Radical Perspectives in the Arts*; e Esslin, *Brecht:* A Choice of Evils. A maioria das principais obras dramáticas de Brecht está disponível na edição em dois volumes da editora Methuen (Londres, 1960-62).

muito significativo;[7] e quero refletir breve-
mente sobre três aspectos inter-relacionados
que lhe dizem respeito. O primeiro é o novo
significado que a teoria dá à ideia de forma;
o segundo diz respeito à redefinição do conceito de autor; e o terceiro, à redefinição do
próprio produto artístico.

A forma artística, por muito tempo sob
o domínio cioso dos estetas, recebe uma
dimensão significativamente nova na obra
de Brecht e Benjamin. Já argumentei que
a forma cristaliza os modos de percepção
ideológica; mas ela também encarna um
determinado conjunto de relações produtivas entre artista e público.[8] Os modos
de produção artística disponíveis a uma
sociedade – ela pode imprimir textos aos
milhares, ou os manuscritos são circula-
dos de mão em mão entre uma elite? – são
um fator crucial para determinarmos as
relações sociais entre "produtores" e "consu-
midores", além da forma literária da própria
obra. A forma da obra que é vendida no

---

[7] Suas implicações para as mídias modernas foram discutidas
por Hans Magnus Enzensberger em Constituents of a Theory
of the Media, *New Left Review*.

[8] Cf. Louvre, Notes on a Theory of Genre, *Working Papers in Cultural Studies*, n.4, University of Birmingham, primavera 1973.

mercado para milhares de indivíduos anônimos difere, de modo característico, da forma de uma obra produzida sob um sistema de patronato, assim como o drama escrito para o teatro popular tem a tendência de ter convenções formais diferentes daquele produzido para o teatro particular. As relações de produção artística são, nesse sentido, *internas* à própria arte, moldando suas formas de dentro para fora. Além disso, se as mudanças na tecnologia artística alteram a relação entre o artista e o público, elas também podem transformar as relações entre dois artistas. Pensamos instintivamente na obra como produto de um autor individual isolado, e de fato é assim que a maioria das obras tem sido produzida; mas as novas mídias, ou as mídias tradicionais que foram transformadas, abrem novas possibilidades de colaboração entre os artistas. Erwin Piscator, um diretor de teatro experimental com quem Brecht aprendeu muito, colocava uma equipe inteira de dramaturgos para trabalhar em uma peça, além de uma equipe de historiadores, economistas e estatísticos para verificar o trabalho.

A segunda redefinição diz respeito apenas a este conceito de autor. Para Brecht e

Benjamin, o autor é primariamente um *produtor*, análogo a qualquer outro fabricante de produtos sociais. Ou seja, eles se opõem à noção romântica do autor como *criador* – como uma figura divina que conjura sua obra misteriosamente do nada. Um conceito de produção artística como esse, baseado na inspiração e no individualismo, faz com que seja impossível conceber o artista como um trabalhador enraizado em uma história específica, com materiais específicos à sua disposição. Marx e Engels mostraram ter consciência dessa mistificação da arte em seus comentários sobre Eugène Sue em *A sagrada família*: eles veem que separar a obra literária do autor como "sujeito humano histórico vivo" significa "entusiasmar-se com o poder milagroso da caneta". Uma vez cortados os laços entre a obra e a situação histórica do autor, é inevitável que a obra pareça ser milagrosa e sem causa aparente.

Pierre Macherey é do mesmo modo hostil à ideia do autor como "criador". Também para ele, o autor é essencialmente um fabricante, que transforma determinados materiais em um novo produto. O autor não cria os materiais com que trabalha: formas, valores, mitos, símbolos e ideologias chegam a ele já trabalhados, como o operário de uma fábrica de carros monta o produto com materiais pré-processados. Macherey foi influenciado aqui pela obra de Louis Althusser, que oferece uma definição daquilo que ele entende por "prática". "Entenderia por *prática*, de maneira geral, qualquer processo de *transformação* de um determinado material bruto em um determinado *produto*, uma transformação realizada por um determinado trabalho humano, utilizando determinados meios (de 'produção')."[9] Isso se aplica, entre outras coisas, à prática que conhecemos como arte. O artista utiliza certos meios de produção – as técnicas especializadas da sua arte – para transformar os materiais da linguagem e da experiência em um determinado produto. Não há motivos que tornem essa transformação mais milagrosa do que qualquer outra.[10]

---

[9] Althusser, *For Marx*. Cf. O comentário de Althusser em *Lenin and Philosophy*: "A estética do consumo e a estética da criação são ambas a mesma".

[10] Macherey opõe-se, no final das contas, à ideia do autor como "sujeito individual", seja ele "criador" ou "produtor", e deseja tirá-lo da sua posição privilegiada. A questão não é que o autor produz seu texto, mas que o texto "se produz" por meio do autor. Noções paralelas foram desenvolvidas pelo grupo de semióticos marxistas reunidos em torno do periódico parisiense *Tel Quel*, que veem o texto literário como uma "produtividade" constante, com a ajuda de *insights* derivados do marxismo e do freudismo.

A terceira redefinição em questão – a natureza da própria obra de arte – nos traz de volta ao problema da forma. Para Brecht, o teatro burguês tinha como meta a atenuação das contradições e a criação de uma falsa harmonia; e se isso se aplica ao teatro burguês, também se aplica para Brecht a determinados críticos marxistas, particularmente Georg Lukács. Uma das controvérsias mais fundamentais da crítica marxista é o debate entre Brecht e Lukács, na década de 1930, sobre a questão do realismo e do expressionismo.[11] O marxista húngaro, como observamos, considera a obra literária um "todo espontâneo" que reconcilia as contradições capitalistas entre a essência e a aparência, o concreto e o abstrato, o individual e o todo social. Ao superar essas alienações, a arte recria a totalidade e a harmonia. Já o dramaturgo alemão, porém, acredita que isso seja uma nostalgia reacionária. A arte para ele deve expor, e não remover, essas contradições, estimulando assim os homens a aboli-las

---

[11] Cf. Brecht, Against George Lukács, *New Left Review*; e Arvon, *Marxist Aesthetics*. Cf. também Gallas, George Lukács and the League of Revolutionary Proletarian Writers, *Working Papers in Cultural Studies*.

na vida real; a obra não deve ser encerrada em si mesma de forma simétrica. Como qualquer outro produto social, ela deve se encerrar apenas no ato de utilização. Brecht dá aqui seguimento à ênfase de Marx, em *Contribuição à crítica da economia política,* de que um produto só se torna totalmente um produto pelo consumo. "A produção", Marx argumenta nos *Grundrisse,* "[...] não apenas cria um objeto para o sujeito, como também um sujeito para o objeto".

Realismo ou modernismo?

Subjacente a esse conflito está uma divergência profunda entre Brecht e Lukács sobre toda a questão do realismo – uma divergência que tinha alguma importância política na época, já que Lukács representava a "ortodoxia" política e Brecht era suspeito como "esquerdista" revolucionário. Respondendo à crítica de Lukács de que sua arte era decadentemente formalista, Brecht acusa o próprio autor da crítica de produzir uma definição puramente formalista de realismo. Ele fetichiza uma forma literária historicamente relativa (ficção realista do século XIX) e então, de maneira dogmática, exige que todas as outras se conformem a esse paradigma. Ao fazer essa exigência, ele ignora a base histórica da forma: como é que as formas apropriadas a uma fase anterior da luta de classes, pergunta Brecht, podem ser simplesmente trazidas ou até mesmo recriadas em um momento posterior? "Seja como Balzac – só que atualizado", é a paráfrase sardônica que Brecht faz da posição do crítico húngaro. O "realismo" de Lukács é formalista porque é acadêmico e não histórico, obtido exclusivamente da esfera literária, em vez de ser sensível às condições mutáveis em que a literatura é produzida. Até em termos literários sua base é nitidamente restrita, dependente de um punhado de romances em vez de um estudo de outros *gêneros*. A tese do marxista húngaro, na visão brechtiana, é a de um crítico acadêmico contemplativo e não a de um artista praticante. Ele encara as técnicas modernistas com desconfiança e as rotula de decadentes, pois não estão em conformidade com o cânone dos gregos ou da ficção do século XIX; ele é um idealista utópico que deseja retornar aos "bons e velhos tempos", ao passo que o dramaturgo alemão, assim como Benjamin, acredita que devemos começar dos "maus e novos dias" e fazer algo para mudá-los. Assim, para Brecht, formas de vanguarda como o expressionismo têm muito a oferecer: elas encarnam competências recém-adquiridas pelo homem contemporâneo, como a capacidade de registrar e combinar experiências com agilidade e de forma simultânea. Lukács, em contraste, invoca uma Valhala de grandes "personagens" da literatura do século XIX; mas talvez, especula Brecht, toda essa concepção de "personagem" pertença a um determinado conjunto histórico de relações sociais e não sobreviva mais que ele. Deveríamos estar em busca de modos radicalmente diferentes de caracterização: o socialismo forma um tipo diferente de indivíduo e exigirá uma forma artística diferente para concretizá-lo.

Isso não quer dizer que Brecht esteja abandonando o conceito de realismo. Em vez disso, ele deseja ampliar o seu alcance:

> nosso conceito de realismo deve ser amplo e político, soberano sobre todas as convenções [...] não devemos derivar o realismo como tal de obras existentes, mas antes usarmos de todos os meios, antigos e novos, comprovados e não comprovados, derivados da arte

e de outras esferas, para expressar a realidade aos homens de uma forma que possam dominar.

Para Brecht, o realismo não é tanto um estilo ou *gênero* literário específico, "uma mera questão de forma", mas sim um tipo de arte que descobre leis e manifestações sociais e desmascara ideologias prevalentes ao adotar o ponto de vista da classe que oferece a solução mais ampla para os problemas sociais. Esse tipo de escrita não precisa necessariamente incluir a *verossimilhança*, no sentido restrito de recriar a textura e aparência das coisas; ele é bem compatível com os usos mais amplos da fantasia e da inventividade. Nem todas as obras que nos dão a sensação "real" do mundo são, pela definição de Brecht, realistas.[12]

---

[12] A posição de Brecht aqui deve ser diferenciada da posição do marxista francês Roger Garaudy em *D'un réalisme sans rivages*. Garaudy também deseja ampliar o termo "realismo" para abarcar autores excluídos dele anteriormente; mas como Lukács, e diferente de Brecht, ele ainda identifica o valor estético com a grande tradição realista. A única diferença é que ele é mais liberal em relação a suas fronteiras do que Lukács.

Consciência e produção

A posição de Brecht é, desse modo, um valioso antídoto para a obstinada desconfiança stalinista quanto à literatura experimental que desfigura obras como *The Meaning of Contemporary Realism* [O significado do realismo contemporâneo]. A estética materialista de Brecht e Benjamin implica uma dura crítica da tese idealista de que a integração formal da obra recupera uma harmonia perdida ou prefigura uma harmonia futura.[13] É uma tese com uma longa tradição, remontando a Hegel, Schiller e Schelling, e mais adiante a críticos como Herbert Marcuse.[14] O papel da arte, Hegel afirma em *Vorlesungen über die Ästhetik* [Cursos de estética], é evocar e tornar concreto todo o poder do espírito humano, é incitar nele a noção da sua plenitude criativa. Para Marx, a sociedade capitalista, com sua preponderância da quantidade sobre a qualidade, sua conversão de todos os produtos sociais em mercadorias, sua inculta falta

---

[13] Cf. Mitchell, Lukács's Concept of The Beautiful. In: Parkinson (org.), *George Lukács: The Man, his Work, his Ideas*, para ler uma exposição das concepções estéticas de Lukács.

[14] Cf. especialmente de Marcuse, *Negations*; *An Essay on Liberation*; e seu ensaio Art as Form of Reality, *New Left Review*.

de individualidade, é adversa à arte. Consequentemente, o poder da arte de realizar as capacidades humanas depende da libertação dessas capacidades pela transformação da própria sociedade. É só depois da superação das alienações sociais, ele argumenta em *Manuscritos econômico-filosóficos* [1844], que "a riqueza da sensualidade subjetiva humana, o ouvido musical, o olhar para a beleza da forma, ou seja, os sentidos capazes do prazer humano [...] serão em parte desenvolvidos [...] em parte engendrados".[15]

Para Marx, então, a capacidade da arte de manifestar os poderes humanos depende do movimento objetivo da própria história. A arte é um produto da divisão do trabalho, que em determinado estágio da sociedade resulta na separação do trabalho material do intelectual, e assim traz à existência um grupo de artistas e intelectuais relativamente separado dos meios materiais de produção. A própria cultura é uma espécie de "mais-valia": como Leon Trotski observa, ela se alimenta da seiva da economia, e a existência de um excedente material na sociedade é

---

[15] Cf. os comentários de Mészáros sobre a estética marxista em *Marx's Theory of Alienation*.

essencial ao seu crescimento. "A arte necessita de conforto, até abundância", ele declara em *Literatura e revolução*. Na sociedade capitalista, ela é convertida em mercadoria e deformada pela ideologia; e, no entanto, ela ainda é em parte capaz de nos atingir além desses limites. Ela ainda pode nos proporcionar uma espécie de verdade – não, temos que admitir, uma verdade científica ou teórica, mas a verdade de como os homens vivem e compreendem suas condições de vida, e de como eles protestam contra elas.[16]

Brecht não discordaria dos críticos neo-hegelianos sobre o fato de a arte revelar os poderes e as possibilidades dos homens; mas ele insistiria que essas são possibilidades históricas concretas e não parte de um conceito abstrato e universal de "completude humana". Ele também insistiria que a base produtiva determina o grau em que isso é possível, e nesse sentido ele está inteiramente de acordo com Marx e Engels. "Como qualquer artista", eles escrevem em *A ideologia alemã*, "Rafael foi condicionado pelos

---

[16] Embora a arte não seja um modo científico da verdade, ela pode, ainda assim, comunicar a *experiência* desse entendimento científico (isto é, revolucionário) da sociedade. Essa é a experiência que a arte revolucionária pode nos proporcionar.

avanços técnicos realizados na arte antes da sua época, pela organização da sociedade, pela divisão do trabalho na localidade em que vivia."

Há, porém, um perigo óbvio inerente ao interesse na base tecnológica da arte. É a armadilha do "tecnologismo" – a convicção de que as forças técnicas são, em si mesmas e não em razão do lugar que ocupam dentro de todo um modo de produção, o fator determinante na história. Brecht e Benjamin às vezes caem nessa armadilha; suas obras deixam em aberto a questão de como a análise da arte como modo de produção deve ser combinada sistematicamente com sua análise como modo de experiência. Qual é, em outras palavras, a relação entre "base" e "superestrutura" *na própria arte*? Theodor Adorno, amigo e colega de Benjamin, criticava-o por recorrer em certas ocasiões a um modelo demasiadamente simples dessa relação – por buscar analogias ou semelhanças entre fatos econômicos isolados e fatos literários isolados, de maneira tal que torna a relação entre a base e a superestrutura essencialmente *metafórica*.[17] Esse

---

[17] Cf. Adorno on Brecht, *New Left Review*, n.81, set.-out. 1973.

é mesmo um aspecto do modo de trabalhar tipicamente idiossincrásico adotado por Benjamin, em contraste com os métodos devidamente sistemáticos de Lukács e Goldmann.

A questão de como descrever a relação entre a "base" e a "superestrutura" dentro da arte, entre a arte como produção e como ideologia, parece-me uma das questões mais importantes que a crítica literária marxista tem que enfrentar no presente. Talvez aqui ela possa aprender algo com a crítica marxista das outras artes. Tenho em mente especificamente os comentários de John Berger sobre a pintura a óleo em *Modos de ver* [1972]. Tal técnica, afirma o autor, só se desenvolveu como *gênero* artístico quando foi necessária para expressar um determinado modo ideológico de ver o mundo, um modo para o qual as outras técnicas eram inadequadas. A pintura a óleo cria uma certa densidade, lustre e solidez naquilo que representa; ela faz ao mundo o que o capital faz às relações sociais, reduzindo tudo à igualdade dos objetos. A própria pintura se torna um objeto – uma mercadoria a ser comprada e possuída; ela mesma é propriedade de alguém e representa o mundo nesses termos.

Temos aqui, portanto, todo um conjunto de fatores a serem relacionados entre si. Temos o estágio da produção econômica da sociedade em que a pintura a óleo se desenvolveu como técnica de produção artística. Temos o conjunto de relações sociais entre artista e público (produtor/consumidor, vendedor/comprador) ao qual essa técnica está associada. Temos a relação entre essas relações de propriedade artísticas, assim como as relações de propriedade de maneira geral. E temos a questão de como a ideologia que sustenta essas relações de propriedade se materializa em uma determinada forma de pintura, uma determinada forma de ver e representar objetos. É esse tipo de argumento, que relaciona os modos de produção com uma expressão facial retratada na tela, que a crítica literária marxista deve desenvolver em seus próprios termos.

Há duas razões importantes para que ela deva fazer isso. Em primeiro lugar, porque a não ser que possamos relacionar a literatura do passado, por mais indiretamente que seja, à luta dos homens e mulheres contra a exploração, não entenderemos de modo completo nosso próprio presente e seremos menos capazes de modificá-lo efetivamente.

Em segundo lugar, porque seremos menos capazes de *ler* textos, ou de produzir formas de arte que possam ajudar na criação de uma arte e uma sociedade melhor. A crítica marxista não é apenas uma técnica alternativa para interpretar *Paraíso perdido* ou *Middlemarch*. Ela faz parte da nossa libertação da opressão, e é por isso que vale a pena dedicar todo um livro à sua discussão.

Bibliografia selecionada

Pode-se encontrar uma bibliografia completa sobre a crítica literária marxista em *Marxism and Aesthetics* (Nova York, 1968), de Lee Baxandall. As referências a obras marxistas essenciais encontradas no texto e nas notas deste livro oferecem uma lista de leituras razoavelmente ampla sobre o tema; ainda assim, selecionei a seguir alguns dos textos mais importantes e suas edições de mais fácil acesso.

ALTHUSSER, L. *Lenin and Philosophy*. London, 1971. [Uma coletânea de artigos escritos por Althusser sobre a teoria marxista, incluindo sua importante discussão das relações entre arte e ideologia ("Letter to André Daspre").]

ARVON, H. *Marxist Aesthetics*. Ithaca, 1970. [Um panorama geral breve e lúcido do campo, com uma importante exposição da controvérsia entre Brecht e Lukács.]

BENJAMIN, W. *Understanding Brecht*. London, 1973. [Uma coletânea da produção jornalística de Benjamin sobre Brecht, incorporando obras teóricas essenciais como o ensaio "The Author as Producer" – O autor como produtor –, assim como materiais mais ecléticos e fragmentários.]

BENNETT, T. *Formalism and Marxism*. Londres, 1979. [Uma reinterpretação do formalismo russo e uma crítica da escola althusseriana de crítica marxista.]

BRECHT, B. *On Theatre*. Trad. e org. J. Willett. London, 1973. [Uma importante seleção dos comentários de Brecht sobre os aspectos teóricos e práticos da produção dramática, com notas da edição úteis.]

CAUDWELL, C. *Illusion and Reality*. London, 1973. [A maior obra teórica da crítica marxista a surgir na Inglaterra da década de 1930: rudimentar e assistemática em muitas de suas formulações, mas decidida a produzir uma teoria total da natureza da arte e do desenvolvimento da literatura inglesa, desde os seus primórdios até o século XX.]

DEMETZ, P. *Marx, Engels and the Poets*. Chicago, 1967. [Uma exposição detalhada, ainda que ingenuamente tendenciosa, de Marx e Engels como críticos literários, com capítulos sobre o desenvolvimento subsequente da crítica marxista.]

EAGLETON, T. *Criticism and Ideology*. London, 1976. [Um estudo do método crítico marxista, influenciado pela obra de Althusser e Macherey, com um capítulo final sobre o problema do valor.]

FISHER, E. *The Necessity of Art*. Harmondsworth, 1963. [Uma exposição ambiciosa, embora às vezes rudimentar e redutiva, das origens históricas da arte, suas relações com a ideologia e diversos outros tópicos centrais à crítica marxista.]

GOLDMANN, L. *The Hidden God*. London, 1964. [A maior obra crítica de Goldmann: um estudo marxista sobre Pascal e Racine, com uma exposição preliminar do seu método "estrutura-lista genético".]

JAMESON, F. *Marxism and Form*. Princeton, 1971. [Uma reflexão difícil, porém valiosa, sobre alguns dos principais críticos marxistas (Adorno, Benjamin, Marcuse, Bloch, Lukács, Sartre), com um capítulo final sugestivo sobre o significado da crítica "dialética".]

JAMESON, F. *The Political Unconscious*. London, 1981. [Um estudo rico e variado que aborda tópicos como a interpretação histórica e uma teoria marxista dos gêneros literários.]

LENIN, V. I. *Articles on Tolstoy*. Moscow, 1971. [Uma coletânea dos artigos de Lenin sobre Tolstoi como o "espelho da revolução russa".]

LIFSHITZ, M. *The Philosophy of Art of Karl Marx*. London, 1973. [Um estudo convincente e original que analisa as relações entre as concepções estéticas e a teoria geral de Marx, incorporando aspectos da sua produção estética pouco conhecidos na Inglaterra.]

LUKÁCS, G. *Studies in European Realism*. London, 1972; *The Historical Novel*. Londres, 1962. [Duas das principais obras de Lukács, nas quais quase todos os seus conceitos críticos centrais são desenvolvidos.]

———. *The Meaning of Contemporary Realism*. London, 1969. [Um registro da tentativa de Lukács de se reconciliar com a escrita "modernista": Kafka, Musil, Joyce, Beckett e outros.]

LUKÁCS, G. *Writer and Critic*. London, 1970. [Uma coletânea irregular de alguns artigos críticos de Lukács, incluindo uma importante defesa do conceito "reflexionista" de arte.]

MACHEREY, P. *Pour une théorie de la production littéraire*. Paris, 1970. [Uma aplicação instigante e original da teoria marxista de Louis Althusser à crítica literária, genuinamente inovadora em sua ruptura com a crítica marxista neo-hegeliana.]

MARX, K; Engels, F. *On Literature and Art*. Org. Baxandall, L.; Morawski, S. New York, 1973. [Uma coletânea completa dos comentários dispersos de Marx e Engels sobre o tema.]

PLEKHANOV, G. *Art and Social Life*. London, 1953. [Uma coletânea dos mais importantes ensaios de Plekhanov sobre literatura.]

SARTRE, J.-P. *What is Literature?* London, 1967. [Um híbrido entre marxismo e existencialismo que contém comentários sugestivos sobre a relação do escritor com a linguagem e o engajamento político.]

TROTSKI, L. *Literature and Revolution*. Ann Arbor, 1971. [Um clássico da crítica marxista, registrando o confronto entre as escolas críticas marxista e não marxista na Rússia bolchevique.]

Referências bibliográficas

ALTHUSSER, L. *For Marx*. London: [s.n.], 1969.

_____. Letter on Art in reply to André Daspre. In: _____. *Lenin and Philosophy*. London: New Left, 1971.

ALTICK, R. D. *The English Common Reader*. Chicago: University of Chicago, 1957.

ARVON, H. [Prefácio]. In: _____. *Marxist Aesthetics*. [S.l.]: Cornell, 1970.

BARTHES, R. *Writing Degree Zero*. London: [s.n.], 1967.

BAXANDALL, L.; MORAWSKI, S. (Org.). *Karl Marx, Frederick Engels on Literature and Art*. New York: International General, 1973.

BENJAMIN, W. *Charles Baudelaire*: um lírico no auge do capitalismo. São Paulo: Brasiliense, 1989.

_____. *Illuminations*. London: [s.n.], 1970.

_____. The Author as Producer. In: _____. *Understanding Brecht*. London: [s.n.], 1973. [Ed. bras.: *Obras escolhidas*. São Paulo: Brasiliense, 1994. v.1.].

_____. *Understanding Brecht*. London: NLB, 1973.

BENJAMIN, W. Unpacking my Library. In: _____. *Illuminations*. London: [s.n.], 1970.

BOWMAN, H. E. *Vissarion Belinsky*. Cambridge: Harvard University, 1954.

BRADBURY, M. *The Social Context of English Literature*. Oxford: Blackwell, 1971.

BRECHT, B. Against George Lukács. *New Left Review*, London, n.84, p.39-53, mar./abr. 1974.

_____. *Brecht on Theatre*: the Development of an Aesthetic. Trad. John Willett. London: Methuen, 1964.

_____. *Messingkauf Dialogues*. Trad. John Willett. London: Methuen, 1965.

_____. Short Organum on the Theatre. In: WILLETT, J. (Org.). *Brecht on Theatre*: the Development of an Aesthetic. London: Methuen, 1964.

CAUDWELL, C. *Illusion and Reality*. London: Macmillan, 1937.

_____. *Romance and Realism*. Princeton: Princeton University, 1970.

CAUTE, D. On Commitment. In: _____. *The Illusion*: an Essay on Politics, Theatre and the Novel. London: Deutsch, 1971.

CULTURAL Theory Panel attached to the Central Committee of the Hungarian Socialist Workers. In: BAXANDALL, L. (Org.). *Radical Perspectives in the Arts*. Harmondsworth: Penguin, 1972.

DEMETZ, P. *Marx, Engels and the Poets*. Chicago: University of Chicago, 1967.

DEUTSCHER, I. *The Prophet Unarmed*: Trotsky, 1921-1929. London: Oxford University, 1959.

EAGLETON, T. Marxism and Form. *Poetry Nation*, Manchester, n.1, p.59-61, 1973.

ENZENSBERGER, H. M. Constituents of a Theory of the Media. *New Left Review*, London, n.64, p.13-36, nov./dez. 1970.

ERLICH, V. *Russian Formalism*: History and Doctrine. Haia: [s.n.], 1955.

ESCARPIT, R. *The Sociology of Literature*. London: Cass, 1971.

ESSLIN, M. *Brecht*: a Choice of Evils. London: Eyre & Spottiswoode, 1959.

FISCHER, E. *The Necessity of Art*. Harmondsworth: Penguin, 1963.

GALLAS, H. George Lukács and the League of Revolutionary Proletarian Writers. *Working Papers in Cultural Studies*, Birmingham, n.4, primavera 1973.

GARAUDY, R. *D'un réalisme sans rivages*. Paris: Plon, 1963.

GLUCKSMANN, M. A Hard Look at Lucien Goldmann. *New Left Review*, London, n.56, p.49-62, jul./ago. 1969.

GOLDMANN, L. Criticism and Dogmatism in Literature. In: COOPER, D. (Org.). *The Dialectics of Liberation*. Harmondsworth: Penguin, 1968.

_____. Ideology and Writing. *Times Literary Supplement*, London, 28 set. 1967.

_____. *The Hidden God*: a Study of Tragic Vision in the Pensées Of Pascal and the Tragedies of Racine. London: Routledge & K. Paul, 1964.

_____. *The Human Sciences and Philosophy*. London: [s.n.], 1966.

_____. The Sociology of Literature: Status and Problems of Method. *International Social Science Journal*, Paris, v.19, n.4, 1967.

_____. *Towards a Sociology of the Novel*. London: Tavistock, 1975.

GRAMSCI, A. *Prison Notebooks*. London: [s.n.], 1971.

HALL, S.; WALTON, P. (Orgs.). *Situating Marx*. London: Human Context, 1972.

HAYWARD, M.; LABETZ, L. (Orgs.). *Literature and Revolution in Soviet Russia 1917-62*. London: Oxford University, 1963.

JAMESON, F. *Marxism and Form*. Princeton: Princeton University, 1971.

JDANOV, A. A. *On Literature, Music and Philosophy*. London: Lawrence & Wishart, 1950.

LAURENSON, D.; SWINGEWOOD, A. *The Sociology of Literature*. London: MacGibbon and Kee, 1972.

LEAVIS, F. R. Under Which King, Bezonian? *Scrutiny*, Cambridge, v.1, 1932.

LENIN, V. I. *Articles on Tolstoy*. Moscow: Progress, 1971.

LICHTHEIM, G. *Lukács*. London: Fontana, 1970.

LIFSHITZ, M. *The Philosophy of Art of Karl Marx*. London: Pluto, 1973.

LOUVRE, A. Notes on a Theory of Genre. *Working Papers in Cultural Studies*, Birmingham, n.4, primavera 1973.

LUKÁCS, G. *Studies in European Realism*. London: [s.n.], 1972.

_____. *The Historical Novel*. London: Merlin,1962.

_____. *Writer and Critic*. Trad. A. Kahn. London: [s.n], 1970.

MACHEREY, P. *Pour une théorie de la production littéraire*. Paris: [s.n.], 1970.

MAGUIRE, R. A. *Red Virgin Soil*: Soviet Literature in the 1920s. Princeton: Princeton University, 1968.

MARCUSE, H. *An Essay on Liberation*. London: [s.n.], 1969.

_____. Art as Form of Reality. *New Left Review*, London, n.74, p.51-58, jul./ago. 1972.

_____. *Negations*: Essays in Critical Theory. London: Allen Lane, 1968.

MARX, K. Introduction. In: _____. *Grundrisse*: Foundations of the Critique of Political Economy. Harmondsworth: Penguin, 1973.

MELLOR, A. The Hidden Method: Lucien Goldmann and the Sociology of Literature. *Working Papers in Cultural Studies*, Birmingham, n.4, primavera 1973.

MÉSZÁROS, I. *Marx's Theory of Alienation*. London: Merlin, 1970.

MITCHELL, S. Lukács's Concept of the Beautiful. In: PARKINSON, G. H. R. (Org.). *George Lukács: the Man, his Work, his Ideas*. London: Weidenfeld & Nicolson, 1970.

PLEKHANOV, G. *Art and Social Life*. London: Lawrence & Wishart, 1953.

_____. *Letters Without Address and Art and Social Life*. London: [s.n.], 1953.

POULANTZAS, N. *Political Power and Social Classes*. London: NLB, 1973.

SARTRE, J.-P. *The Search for a Method*. London: [s.n.], 1963.

SHÜCKING, L. *The Sociology of Literary Taste*. London: K. Paul Trench Trubner, 1944.

STEINER, G. Marxism and Literature. In: _____. *Language and Silence*. London: Faber, 1967.

SUVIN, D. The Mirror and the Dynamo. In: BAXANDALL, L. *Radical Perspectives in the Arts*. Harmondsworth: Penguin, 1972.

WATT, I. *The Rise of the Novel*. London: [s.n.], 1947.

WILLIAMS, R. *Drama from Ibsen to Brecht*. London: Chatto & Windus, 1968.

_____. From Leavis to Goldmann. *New Left Review*, London, n.67, p.3-18, maio/jun. 1971.

_____. Marxism and Culture. In: _____. *Culture and Society 1780-1950*. London: Chatto & Windus, 1958.

_____. *The Long Revolution*. London: [s.n.], 1961.

Índice remissivo

Adorno, T., 3, 133

Althusser, L., 38-40, 124

Arte grega, 26-30, 46, 55, 57, 127

Balzac, H. de, 12, 57-60, 89-90, 127

"Base" econômica, 18, 24-5, 35n.13, 99, 108

Belinski, V., 82-3

Benjamin, W., 70, 109-15, 120-1, 123, 127, 130, 133-4

Berger, J., 134

Bogdanov, A. A., 71

Brecht, B., 3, 31, 70, 76, 91, 94, 96, 104, 109-10, 115-29

Caudwell, C., 49-50, 99-102

Conrad, J., 21-3

Dickens, C., 30, 39, 69

Dobroliubov, 82

Eliot, T. S., 23, 33-4

Engels, F., 4, 8, 11-16, 24-5, 36-7, 58, 81-90, 105, 108, 123, 132

Estruturalismo genético, 63-70

Expressionismo, 52, 125, 128

Fischer, E., 38

Forças produtivas, 17, 24, 26, 29, 46, 102, 110-1

Formalismo, 60-2, 74
Fox, R., 48

Goldmann, L., 63-8, 134
Gorki, M., 72-3, 76, 78

Harkness, M.,86, 89
Hegel, G. W. F., 16, 45-7, 55, 67, 130

Ideologia, 18-22, 24, 32-4, 36-41, 50-4, 60, 67-72, 79, 88, 107, 132-5

Jameson, F., 47, 49
Jdanov, A., 72, 76
Joyce, J., 62, 73, 96

Kautsky, M., 85

Lassalle, F., 58, 88
Leavis, F. R., 81
Lenin, V. I., 41, 55n.9, 76-81, 90-2
Lukács, G., 3, 8, 43, 50, 55-63, 67, 82n.7, 83, 90, 92-8, 103-4, 114, 125-30, 134
Lunatcharski, A., 74, 79

Macherey, P., 15n.5, 39-41, 67-70, 91, 94, 123-4
Maiakovski, V., 72, 76
Mann, T., 96
Marcuse, H., 130

Marx, K., 4-5, 8, 11-6, 18, 24-31, 39, 44-6, 58, 81-90, 105, 108, 123, 126, 130-2
Meyerhold, V., 76, 104

Naturalismo, 52, 60-2

Piscator, E., 104, 122
Plekhanov, G., 19, 37, 52, 76-7, 82-3
Proletkult, 71, 74-5, 79

Radek, K., 73
Rapp, 75, 79
Realismo, 57, 60-2, 77, 80, 86, 88, 126-9
Realismo crítico, 96-7
Reflexionismo, 90-98
Relações de produção, 17-8, 122

Sindicato dos Escritores Soviéticos, 75
Sociologia da literatura, 13-16
Stalinismo, 71, 87
"Superestrutura", 16-36, 47, 67, 133-4

Tchernichevski, N., 82
Tecnologismo, 133
Thomson, G., 101
"Tipicidade", 58, 83, 86
Tolstoi, L., 41, 57, 59, 79, 90-1, 103

"Totalidade", 56-8, 61, 67, 116-7

Trotski, L., 11, 32, 51, 53, 75-82, 93, 131

Watt, I., 51-2

West, A., 102

Williams, R., 3, 14n.4, 52, 99

SOBRE O LIVRO

Formato: 12 x 21 cm
Mancha: 19 x 39,5 paicas
Tipografia: Iowan Old Style 12/17
Papel: Pólen Soft 80 g/m^2 (miolo)
Cartão Supremo 250 g/m^2 (capa)
1ª edição: 2011
160 páginas

EQUIPE DE REALIZAÇÃO

Edição de Texto
Frederico Ventura e Silvio Gomes (Preparação de original)
Joana Tavares e Tatiana Pavanelli Valsi (Revisão)

Capa
Estúdio Bogari

Editoração Eletrônica
Sergio Gzeschnik (Diagramação)

Assistência Editorial
Olivia Frade Zambone

Impressão e Acabamento

FARBE DRUCK
gráfica e editora ltda.